Kesseler/Lumer

Der Verein

Jens Kesseler
Elmar Lumer

Der Verein

Gründung - Recht - Finanzen - PR - Sponsoring. Alles, was Sie wissen müssen

4. Auflage

Linde international

Bibliografische Information der Deutschen Nationalbibliothek
Die Deutsche Nationalbibliothek verzeichnet diese Publikation in der Deutschen Nationalbibliografie; detaillierte bibliografische Daten sind im Internet über http://dnb.d-nb.de abrufbar.

Hinweis: Aus Gründen der leichteren Lesbarkeit wird auf eine geschlechtsspezifische Differenzierung verzichtet. Entsprechende Begriffe gelten im Sinne der Gleichbehandlung für alle Geschlechter.

ISBN ISBN 978-3-7093-0675-8 (Print)
ISBN 978-3-7094-1169-8 (E-Book-ePub)
ISBN 978-3-7094-1168-1 (E-Book-PDF))

1210 Wien, Scheydgasse 24, Tel.: 01/24 630
www.lindeverlag.at

Umschlag: buero8 + Linde Verlag Ges.m.b.H.

Druck: Hans Jentzsch & Co GmbH
1210 Wien, Scheydgasse 31
Dieses Buch wurde in Österreich hergestellt.

Gedruckt nach der Richtlinie des Österreichischen Umweltzeichens „Druckerzeugnisse", Druckerei Hans Jentzsch & Co GmbH, UW-Nr. 790

PRINTED IN AUSTRIA

mit biologischen Druckfarben jentzsch

INHALT

Vorwort 9

Kapitel 1: Wie entsteht ein Verein? 11
Viele Gründe für einen Verein 12
Warum ist der Verein häufig die beste Rechtsform? 13
Die rechtlichen Grundlagen des Vereins 13
Was regelt die Satzung? 14
Der Vereinsname 15
Die Gründungsversammlung 16
Was ist das Vereinsregister? 18
Gemeinnützige Vereine 21

Kapitel 2: Die Mitglieder des Vereins 29
Wie gewinne ich neue Mitglieder? 30
Wer entscheidet über die Mitgliedschaft? 30
Die Rechte und Pflichten der Mitglieder 33
Kommunikation mit den Mitgliedern 36
Beendigung der Mitgliedschaft 37

Kapitel 3: Welche Stellung hat der Vorstand? 41
Die Rechte und Pflichten des Vorstands 42
Wie setzt sich der Vorstand zusammen? 44
Der Notvorstand 47
Willensbildung auf den Vorstandssitzungen 47

Kapitel 4: Die Mitgliederversammlung 49
Die Zuständigkeit der Mitgliederversammlung 50
Wie und wann wird die Mitgliederversammlung einberufen? 51
Die Tagesordnung 51
Wer darf an der Mitgliederversammlung teilnehmen? 53
Versammlungsleitung 54
Beschlussfassung 54
Die außerordentliche Mitgliederversammlung 57
Die virtuelle oder hybride Mitgliederversammlung 60

Kapitel 5: Der Verein als Arbeitgeber 63
Tätigkeiten der Mitglieder 64
Geschäftsführung und Vorstandsvergütungen 65
Wann liegt ein steuerrechtlich relevantes Dienstverhältnis vor? 67
Der Verein als Arbeitgeber 70
Selbstständig oder Arbeitnehmer? 71
Mindestlohn 74
Lohnsteuer- und Sozialversicherungspflichten des Arbeitgebers 75

Kapitel 6: Wie wird die Vereinsarbeit finanziert? 79
Mitgliedsbeiträge 80
Umlagen 82
Zuschüsse 83
Spenden 84
Veranstaltungen als entgeltliche Betätigungen 91
Sponsoren 92

Kapitel 7: Öffentlichkeitsarbeit im Verein - Wie gewinnt man Mitglieder und Sponsoren? 97
Internetauftritt 98
Social Media 99
Werbematerialien 99
Informationsveranstaltungen 100
Formen der elektronischen Kommunikation 100
Öffentlichkeitsarbeit 101
Tageszeitungen 101
Fundraising 102
Crowdfunding 103

Kapitel 8: Steuerrecht - abschreckend kompliziert? 105
Die Körperschaftsteuer im Vereinsbereich 106
Umsatzsteuer (Mehrwertsteuer) 120
Steuererklärungen 129
Tätigkeitsbericht 130

Kapitel 9: Buchführung und Rechnungslegung - Muss das sein? 133
Die Buchführung 134
Rechnungslegung 137

Kapitel 10: Haftung im Verein und Vermeidungsstrategien ... 149
Haftungsgefahren ... 150
Die Haftung von Organmitgliedern und besonderen Vertretern ... 154
Die Haftung der Mitglieder ... 157
Versicherungsschutz ... 158

Kapitel 11: Streit im Verein ... 161
Streitschlichtung ... 162
Vereinsstrafen und Ausschluss aus dem Verein ... 163
Verfahren und Zuständigkeit ... 164

Kapitel 12: Beendigung des Vereins ... 169
Auflösung durch Mitgliederbeschluss ... 170
Insolvenz des Vereins ... 175

Kapitel 13: Anhang ... 179
Auszug aus dem Bürgerlichen Gesetzbuch (BGB) ... 179
Auszug aus der Abgabenordnung (AO) ... 184
Auszug aus Anlage 1 (zu § 60) der Abgabenordnung (AO) – Steuermustersatzung ... 201

Stichwortverzeichnis ... 203

VORWORT

In unserem gesellschaftlichen Leben spielen Vereine eine wichtige Rolle. In Deutschland gibt es derzeitig über 618.000 Vereine, die überwiegend gemeinnützig sind. Viele Kultur- und Freizeitangebote sowie soziales Engagement wären ohne Vereine gar nicht möglich. Als „normales" Mitglied macht man sich eher selten Gedanken darüber, wie eine Satzung aussehen sollte oder welche Pflichten ein Vereinsvorstand hat. Das ändert sich in der Regel, wenn man vor der Entscheidung steht, selbst in einem Verein eine verantwortungsvolle Aufgabe zu übernehmen. Sei es in einem Förderverein für den Kindergarten, in einem Kulturverein, in einem sozialen Verein oder im Sportverein.

Spätestens dann treten viele Fragen auf: Wie führe ich einen Verein? Wie sieht es mit meiner persönlichen Haftung aus? Was hat der Verein für steuerliche Pflichten? Ist das Vorstandsmitglied versichert, wenn es für den Verein unterwegs ist? Wann darf ich Zuwendungsbestätigungen für Spenden ausstellen? Wie kann die Vereinsarbeit finanziert werden? Darf der Verein Gewinne erzielen und in welchem Umfang darf er entgeltlich tätig werden? Welche Steuern können anfallen? Welche Pflichten hat der Verein als Arbeitgeber? Wann sind digitale Mitgliederversammlungen erlaubt?

Das vorliegende Buch stellt Ihnen die wichtigsten Sachverhalte vor, die Sie kennen sollten, wenn Sie einen Verein gründen bzw. erfolgreich führen möchten. Es informiert umfassend über die unterschiedlichsten Themen wie Steuerrecht, Fundraising und vereinsrechtliche Fragen. Besonders wichtige oder komplexe Punkte werden durch Beispiele verdeutlicht. Auf der Website des Bundesverbands deutscher Vereine und Verbände (www.bdvv.de) finden Sie ergänzende Informationen und Merkblätter. Sie können darüber hinaus jederzeit die Autoren über den Verlag für Anregungen und Hinweise konsultieren.

In der vorliegenden Neuauflage sind alle Kapitel an den aktuellen Rechtsstand angepasst worden, insbesondere die Änderungen durch das Jahressteuergesetz 2020. Das Buch ist zur ersten Orientierung gedacht und soll Sie für wichtige Sachverhalte bei der gemeinnützigen Vereinsarbeit sensibilisieren. In vielen Fällen wird es sich empfehlen, fachliche Expertisen bei den rechts- und steuerberatenden Berufen einzuholen, da sowohl das Steuer- wie auch das Zivilrecht der Vereine sehr komplex ist.

Wir bedanken uns bei den Autoren der letzten Auflagen, StB Ulrich Götze und RA Michael Röcken, auf deren Werk die vorliegende 4. Auflage mit Rechtsstand Dezember 2021 aufbaut.

Jens Kesseler
Elmar Lumer

Kapitel 1:

Wie entsteht ein Verein?

Menschen stellen sich oftmals Fragen wie diese: Wie gewinne ich Gleichgesinnte zur Durchsetzung bestimmter Ziele? Wie kann ich meinen Lebensraum schützen? Oder: Wie kann ich mich gegen „Die-da-oben" durchsetzen? Die Gründung eines Vereins ist hier durchaus eine Option. In diesem Kapitel werden die Schritte von der Willensbildung über die Vereinsgründung bis zur Eintragung des Vereins in das Vereinsregister erläutert.

BEISPIEL

Beim Bau der neuen Umgehungsstraße wird Ihrer Meinung nach massiv gegen Umweltschutzbelange verstoßen. Die vorgesehene Trasse durchschneidet Wiesen und Waldgelände. Sie rufen zu einer Protestversammlung auf. Dort treffen Sie auf Gleichgesinnte, die Ihre Ansichten teilen und die wiederum andere Interessierte zu gemeinsamen Treffen mitbringen. Aus einem unstrukturierten „Stammtisch" soll schließlich eine schlagkräftige Interessenvertretung entstehen. Die Idee einer Vereinsgründung wird diskutiert und stößt auf Zustimmung.

Viele Gründe für einen Verein

Es gibt die unterschiedlichsten Motive für die Gründung eines Vereins. Hier einige Beispiele:

- Förderung eines Kindergartens oder einer Schule,
- Engagement zum Schutz der Umwelt,
- Einsatz gegen eine als unvernünftig empfundene Bauplanung,
- gemeinsame Sportausübung,
- Pflege und Schutz von Tieren durch einen Tierschutzverein,
- Förderung kultureller Einrichtungen,
- Unterstützung kirchlicher Organisationen,
- Unterstützung eines anerkannten Wohlfahrtsverbands „vor Ort" zur Betreuung von Jugendlichen, Senioren, Hilfsbedürftigen, Kranken, Mitbürgern mit Migrationshintergrund oder Flüchtlingen.
- Begrenzung der Haftung der Handelnden.

BEISPIEL

Der Musiklehrer des Gymnasiums hat im Rahmen einer Arbeitsgemeinschaft eine tolle Pop-Bläsergruppe ins Leben gerufen. Eine Gruppe von engagierten Eltern unterstützt das Projekt und möchte das Musikangebot um Streichinstrumente, Singen und Tanzen erweitern. Sie wollen Kurse und Veranstaltungen organisieren. Geeignete Räume können in der Schule genutzt werden, Musikstudenten der Musikhochschule stehen als Übungsleiter zur Verfügung.

Für die Umsetzung dieses Projekts bietet sich die Gründung eines Vereins an. So ist es unter anderem auch einfacher, Zuschüsse von der Stadt zu erlangen und Spenden zu sammeln.

Warum ist der Verein häufig die beste Rechtsform?

Egal, ob kurzfristige Ziele verfolgt werden oder ob eine am Herzen liegende Sache langfristig gefördert werden soll, die Rechtsform des Vereins eignet sich am besten für die Umsetzung nichtwirtschaftlicher Aktivitäten. Sie eignet sich für große wie kleine Personenvereinigungen, die ein gemeinsames Ziel verfolgen.

Ein Verein bringt für alle Beteiligten große Vorteile: Durch einen gemeinsamen Namen sowie einen Vorstand, der den Verein nach außen vertritt, kann der Verein wirkungsvoller in der Öffentlichkeit auftreten. Das Besondere im Vergleich zu anderen Gesellschaftsformen ist außerdem die Möglichkeit des Ein- und Austritts von Mitgliedern, ohne dass sich das Vermögen oder die Rechtsbeziehungen innerhalb des Vereins verändern.

Ein gewichtiger Vorteil des Vereins ist schließlich der Ausschluss der Haftung. Bei einem Zusammenschluss von gemeinsam handelnden Personen ohne Vereinsgrundlage liegt eine Gesellschaft des bürgerlichen Rechts (GbR) vor, in der jeder solidarisch und unbeschränkt mit seinem Privatvermögen für Verbindlichkeiten der GbR haftet. Dagegen haften Mitglieder, die die Ziele eines im Vereinsregister eingetragenen Vereins fördern, in ihrer Eigenschaft als Mitglied nicht für die Schulden oder Verpflichtungen des Vereins. Es haftet ausschließlich das Vereinsvermögen.

Der Verein genießt außerdem den Schutz des Grundgesetzes.

Die rechtlichen Grundlagen des Vereins

Die rechtlichen Grundlagen für Vereine sind im Bürgerlichen Gesetzbuch (BGB) in den Paragrafen 21 bis 79 enthalten. Sie finden diese Bestimmungen im Anhang dieses Ratgebers.

Das Gesetz lässt aber auch viele Punkte offen, die in der Satzung des Vereins zu regeln sind. So etwa die Frage, für welche Entscheidungen die Mitgliederversammlung bzw. der Vorstand zuständig ist, wie groß der Vorstand sein soll, wie häufig Mitgliederversammlungen stattfinden sollen und wer eventuelle Streitigkeiten schlichtet. Durch die Satzung kann der Verein vielfach die gesetzlichen Regelungen an seine Bedürfnisse anpassen.

Was regelt die Satzung?

Die Satzung ist eine Art Verfassung des Vereins, sie regelt die Organisation des Vereins ebenso wie die Rechte und Pflichten der einzelnen Vereinsorgane und der Mitglieder. Daher sollten die Bestimmungen der Satzung von Ihnen mit äußerster Aufmerksamkeit festgelegt werden.

Der Inhalt der Satzung wird zunächst in der Gründungsversammlung festgelegt, spätere Änderungen werden regelmäßig von der Mitgliederversammlung beschlossen. Die Vereinssatzung enthält mindestens Bestimmungen über:

- ➜ den Namen des Vereins,
- ➜ den Zweck des Vereins,
- ➜ den Sitz des Vereins,
- ➜ den Ein- und Austritt von Mitgliedern,
- ➜ die Rechte und Pflichten der Mitglieder,
- ➜ die Erhebung von Mitgliedsbeiträgen,
- ➜ die Zusammensetzung und Aufgaben des Vorstands,
- ➜ die Vertretungsberechtigung,
- ➜ die Einberufung und den Ablauf der Mitgliederversammlung,
- ➜ die Beurkundung von Beschlüssen sowie
- ➜ die Auflösung des Vereins.

Die Grundlage des Vereins bildet der Satzungszweck und dessen geplante Durchführung. Nach der Vereinsgründung können Sie Ergänzungen des Satzungszwecks nur noch vornehmen, wenn diese in einem sachlichen Zusammenhang als Ergänzung oder Fortschreibung des ursprünglichen Satzungszwecks stehen.

Bei der Erstellung der Satzung sind Mustervorlagen und die Satzungen anderer Vereine durchaus hilfreich, aber hinterfragen Sie kritisch, ob das von Ihnen Gewollte darin auch klar beschrieben ist. Vermeiden Sie vor allem Formulierungen, deren Wortlaut nicht praxisgerecht ist, sowie unnötige Bestimmungen. In unserer täglichen Vereinspraxis stoßen wir häufig auf Formulierungen, die zwar rechtlich einwandfrei sind, jedoch den gewünschten Inhalt nicht zutreffend wiedergeben.

BEISPIEL FÜR EINE UNSINNIGE BESTIMMUNG

„Eine Satzungsänderung kann nur bei Anwesenheit von 75 % der Mitglieder beschlossen werden."

Wenn Ihr Verein größer wird, werden Sie Mühe haben, eine derart hohe Anzahl von Mitgliedern zu bestimmten Terminen zusammenzubringen.

In diesem Ratgeber führen wir immer wieder wichtige Satzungsbestimmungen an – doch auch hier gilt: Übernehmen Sie diese nur, wenn sie für Ihre Zwecke passen.

Der Vereinsname

Unter welcher Bezeichnung soll der Verein in der Öffentlichkeit auftreten? Hier gilt: Der Name soll den Zweck der Organisation treffend ausdrücken. Einprägsam sind eine vorangestellte Abkürzung oder ein sich aus den Anfangsbuchstaben des Namens ergebender Kurzname. Prüfen Sie, ob der Name im Internet als *domain* verfügbar ist.

Beachten Sie bei der Wahl des Vereinsnamens, dass es ein Namensrecht gibt, wonach die Verwendung eines Namens einer bereits bestehenden Vereinigung unzulässig ist, wenn Verwechslungsgefahr besteht. Im örtlichen Bereich eines Vereinsregisters sollte sich der Name des Vereins deutlich von einem am selben Ort oder in derselben Gemeinde bestehenden eingetragenen Verein unterscheiden. Sie dürfen mit dem Namen auch nicht „irreführen", beispielsweise durch eine falsche Jahreszahl als Gründungsdatum.

BEISPIEL

Im Sportverein „TSV Wunstorf von 1905 e.V." brodelt es. Mitglieder einer Sparte verlassen den Verein und gründen einen neuen Verein mit dem Namen „TSV Wunstorf von 2013". Der Rechtspfleger des Amtsgerichts wird diesen Namen wegen der Verwechslungsgefahr nicht eintragen.

Ausreichend zur Unterscheidung – aber auch notwendig – ist ein weiterer Namenszusatz, beispielsweise die Ergänzung um einen Ortsteil („Wunstorf-Luthe"), die Sportart („Schwimmen") oder einen Fantasienamen wie „Union" oder „Fortuna".

Die Gründungsversammlung

Als Initiator laden Sie interessierte Personen zur Vereinsgründung ein. Zur Gründung eines Vereins sind zwar nur zwei Personen erforderlich. Damit der Verein aber auch in das Vereinsregister eingetragen werden kann, sind mindestens sieben Personen notwendig.

Im Zuge der Versammlung wird der Wortlaut der Satzung beraten. Sinnvoll und empfehlenswert ist es, vorher einen Vorschlag für die Satzung zu erarbeiten und der Gründungsversammlung den Entwurf vorzulegen. Dann braucht die Versammlung nur noch über einzelne Bestimmungen der Satzungsinhalte zu diskutieren. Wenn Einigung über den Satzungswortlaut erzielt worden ist, wird hierüber von den Anwesenden ein Beschluss gefasst. Damit ist der Verein gegründet.

Anschließend wird entsprechend der Vorgaben der beschlossenen Satzung ein Vorstand gewählt, der den Verein nach § 26 BGB sowohl gerichtlich als auch außergerichtlich vertritt. Die Gründungsmitglieder unterschreiben die Satzung, und es kann losgehen.

MUSTER

Niederschrift über die Gründung des Vereins: „Musikschule Wunstorf e. V."

Heute, am 6. Dezember 2021, 18.00 Uhr, erschienen in der Gaststätte „Zum Löwen", Hauptstraße 30, 31515 Wunstorf, die aus der beigefügten Anwesenheitsliste ersichtlichen 31 Personen zur Beschlussfassung über die Gründung eines Vereins Musikschule Wunstorf.

Herr Goetze begrüßte die Erschienenen und erläuterte den Zweck der Versammlung. Durch Zuruf wurden Herr Goetze zum Versammlungsleiter und Herr Röcken als Protokollführer benannt und sodann gewählt; beide nahmen die Ämter an.

Der Versammlungsleiter schlug sodann folgende weitere Tagesordnung vor:

1 Beratung und Feststellung der Satzung
2 Wahlen
   a) des Vorstands
   b) der Kassenprüfer
3 Weitere Verfahrensschritte

TOP 1: Der Protokollführer verteilte einen Satzungsentwurf, der im Einzelnen durchgegangen und erörtert wurde.

Der anliegenden Fassung der Satzung mit den Änderungen stimmten alle Gründungsmitglieder durch Handzeichen zu. Der Versammlungsleiter stellte fest, dass damit der Verein „Musikschule Wunstorf" gegründet ist, und forderte alle Gründungsmitglieder auf, die Gründung durch Unterzeichnung der Satzung zu bestätigen. Daraufhin unterzeichneten diese die Satzung.

TOP 2a: Die Wahl der Vorstandsmitglieder wurde durchgeführt. Zu Vorstandsmitgliedern wurden gewählt:

Vorsitzender: Herr Hans Müller mit 30 Stimmen bei einer Enthaltung,

Stellvertretender Vorsitzender: Herr Klaus Röcken mit 30 Stimmen bei einer Enthaltung,

Schatzmeisterin: Frau Melina Radke mit 30 Stimmen bei einer Enthaltung,

Schriftführerin: Frau Ingrid Eifler mit 30 Stimmen bei einer Enthaltung.

Zu Beisitzern für die Dauer von 3 Jahren wurden gewählt:
Herr Alfred Knuff mit 30 Stimmen bei einer Enthaltung,
Herr Peter Goetze mit 29 Stimmen bei einer Enthaltung und einer Gegenstimme,
Frau Doris Schmidt mit 25 Stimmen bei einer Enthaltung und fünf Gegenstimmen.
Alle Gewählten erklärten, dass sie die Wahl annehmen.

TOP 2b: Zu Kassenprüfern wurden gewählt:
Herr Frank Hissler und Herr Michael Berger jeweils einstimmig.
Beide nehmen die Wahl an.

TOP 3: Es werden die nächsten Schritte für die Aufnahme der Vereinstätigkeit erörtert. Es wurde durch Handzeichen einstimmig beschlossen, dass der Vorstand die Eintragung in das Vereinsregister beantragen und bis zur Eintragung nur diejenigen Geschäfte vornehmen soll, die zur Eintragung erforderlich sind. Der Vorstand wurde ermächtigt, eventuelle Beanstandungen der Satzung seitens des Vereinsregisters und des Finanzamtes zu beheben. Ferner wurde der Vorstand beauftragt, zuvor die Anerkennung als gemeinnützig beim zuständigen Finanzamt zu beantragen.
Der Mitgliedsbeitrag wurde einstimmig auf 5,00 Euro im Monat, fällig jeweils zum 10. des Monats, erstmalig am 10.1.2022, festgesetzt.
Der Versammlungsleiter schließt um 21.00 Uhr die Versammlung.

Wunstorf, den 6. Dezember 2021

gez. Versammlungsleiter gez. Protokollführer

Anlage:
Anwesenheitsliste mit Namen, Anschriften und Unterschriften

Was ist das Vereinsregister?

Das Vereinsregister wird bei den Amtsgerichten geführt und ist ein amtliches Verzeichnis der eingetragenen Vereine. Eingetragen werden Neueintragungen, Änderungen und Löschungen des Vereins (Name und Satzung) und die zur gesetzlichen Vertretung (vgl. § 26 BGB) ermächtigten Vorstandsmitglieder. Die Eintragungen im Vereinsregister kann jeder Interessierte gegen eine Gebühr von 4,50 Euro im Internet unter www.handelsregister.de abrufen.

Wenn die Eintragung des Vereins in das Vereinsregister angestrebt wird, muss dies in der Satzung vermerkt und ein Beschluss gefasst werden. Mit der Eintragung ins Vereinsregister erhält der Name des Vereins den Zusatz „eingetragener Verein" (e.V.). Empfehlenswert ist die Eintragung in das Vereinsregister spätestens dann, wenn Verträge geschlossen oder wenn Mitarbeiter entgeltlich beschäftigt werden sollen.

HINWEIS

Bei einem nicht eingetragenen Verein haften die handelnden Personen neben dem Vereinsvermögen mit ihrem Privatvermögen aus Rechtsgeschäften gegenüber den Vertragspartnern des Vereins.

Die Anmeldung zur Eintragung ins Vereinsregister hat der in der Gründungsversammlung gewählte und zur Vertretung berechtigte Vorstand vorzunehmen. Die Eintragung in das Vereinsregister ist auch der Legitimationsnachweis des Vorstands gegenüber Außenstehenden (z.B. bei Eröffnung eines Bankkontos).

MUSTER

Anmeldung zum Vereinsregister
(Name und Anschrift des Vereins)

An das Amtsgericht – Vereinsregister

Eintragung eines Vereins in das Vereinsregister
Die Unterzeichneten melden zur Eintragung in das Vereinsregister an:
Den neu gegründeten Verein XYZ, dessen Satzung am TTMMJJJJ errichtet worden ist.

Als Vorstand dieses Vereins:

a) den 1. Vorsitzenden

Herrn/Frau Vorname Name, geb.: Anschrift

b) den/die stellvertretende/n Vorsitzende/n ... (wie vorstehend)

Die beiden Vorstandsmitglieder sind nach § 26 Satz 1 BGB unbeschränkt jeweils allein vertretungsberechtigt.
Der Anmeldung sind beigefügt:
Die am TTMMJJJJ errichtete, von sieben Vereinsmitgliedern unterschriebene Satzung in Urschrift und in zwei beglaubigten Abschriften und als Datei.
Eine Abschrift des Gründungsversammlungsprotokolls vom TTMMJJJJ, aus der sich auch die Vorstandsbestellung ergibt.
Die Anschrift des Vereins lautet: Anschrift.

Bei der Anmeldung des Vereins ist Folgendes zu beachten:

- Die Unterschriften unter der Anmeldung müssen amtlich (notariell) beglaubigt sein.
- Die Satzung muss in Urschrift und als Datei vorgelegt werden.
- Einzureichen ist das Protokoll der Gründungsversammlung.

Der Notar reicht die Unterlagen bei Gericht ein.

Bei Vorlage einer Freistellungsbescheinigung wegen Gemeinnützigkeit entstehen in den meisten Bundesländern keine Gerichtskosten. Die Gebühren des Notars betragen rund 75 Euro für die Unterschriftsbeglaubigung und die Einreichung. Für Eintragungen des Vorstands und von Satzungsänderungen fallen zusätzliche Kosten an.

TIPP

Legen Sie den Entwurf der Satzung vor der Eintragung dem Finanzamt vor. Mögliche Beanstandungen können Sie unbürokratisch und kostenfrei vor der Eintragung in das Vereinsregister beheben. Beachten Sie unbedingt die Vorgaben der „Steuer-Mustersatzung“ (siehe weiter unten).

Gemeinnützige Vereine

Vereine können vom Finanzamt als gemeinnützig anerkannt werden, wenn sie nach ihrer Satzung und der tatsächlichen Geschäftsführung ausschließlich, unmittelbar und selbstlos gemeinnützige, mildtätige oder kirchliche Zwecke fördern.

Vorteile gemeinnütziger Vereine

Mit der Anerkennung als steuerbegünstigter Verein werden in den wichtigen Steuerarten Steuervergünstigungen gewährt:

- Steuerfreiheit der Gewinne bei der Verwirklichung der Satzungszwecke (Zweckbetrieb),
- Steuerbefreiung von wirtschaftlichen Tätigkeiten, wenn die wirtschaftlichen Einnahmen insgesamt 45.000 Euro im Jahr nicht übersteigen (§ 64 Abs. 3 AO),
- Steuerbefreiung der Gewinne aus sportlichen Veranstaltungen, wenn bestimmte Grenzen nicht überschritten werden (§ 67a AO),
- Befreiung von der Abgeltungsteuer für Zinserträge,
- Steuerbefreiungen bei vielen typischen Umsätzen von Vereinen (Wohlfahrt, Kultur, Bildung, Sport, Jugend, §§ 4 Nr. 14–25 UStG),
- Umsatzsteuerbefreiung für Einnahmen aus ehrenamtlicher Tätigkeit (§ 4 Nr. 26b UStG),
- Steuerermäßigung auf 7 % der Umsätze außerhalb des wirtschaftlichen Geschäftsbetriebs (§ 12 Abs. 2 Nr. 8 UStG),
- Befreiung von der Grundsteuer, Erbschaft- und Schenkungsteuer,
- Einkommensteuerbefreiung der Vergütungen der Mitarbeiter bei bestimmten nebenberuflichen Tätigkeiten im gemeinnützigen Bereich bis 3.000 Euro im Jahr (§ 3 Nr. 26 EStG),
- Befreiung von Aufwandsentschädigungen für ehrenamtliche Tätigkeiten bis 840 Euro im Jahr (§ 3 Nr. 26a EStG),
- darüber hinaus ist ein gemeinnütziger Verein zum Empfang von Spenden berechtigt, welche beim Spender steuerlich abziehbar sind (§ 10b EStG).

Gemeinnützige Organisationen erhalten auch in anderen Bereichen Vergünstigungen. Zu nennen sind:

- die Gewährung von öffentlichen Zuschüssen für die Vereinsarbeit,
- die Befreiung von Eintragungsgebühren im Vereinsregister,
- die Mitgliedschaft in Dachverbänden,
- die kostenlose bzw. verbilligte Nutzung von öffentlichen Einrichtungen oder Gebäuden.

TIPP

Der Rechtspfleger beim Amtsgericht prüft, ob die zivilrechtlichen Voraussetzungen für die Eintragung des Vereins gegeben sind, während der Sachbearbeiter des Finanzamts nur prüft, ob die satzungsrechtlichen Voraussetzungen für die Anerkennung der Gemeinnützigkeit vorliegen. Nicht geprüft wird, ob die Inhalte der Satzung zweckmäßig sind für das Vereinsleben und ob die Verwirklichung der Satzungszwecke ausreichend beschrieben ist.

Anerkennung als gemeinnütziger Verein

Über die Anerkennung der Gemeinnützigkeit entscheidet das Finanzamt. Dort sollten Sie den Inhalt der Satzung bereits vor der Gründung vorlegen. Die Voraussetzungen der Gemeinnützigkeit müssen sich aus der Satzung ergeben und in den Folgejahren aus der Tätigkeit des Vereins und der Einhaltung der Satzungsbestimmungen.

Gemeinnützige Zwecke

Das steuerliche Gemeinnützigkeitsrecht ist in der Abgabenordnung (§§ 51 bis 68 AO) geregelt (siehe Anhang). Die Zwecke der gemeinnützig, mildtätig oder kirchlich ausgerichteten Vereine werden unter dem Begriff „steuerbegünstigte Zwecke“ zusammengefasst. Ein Verein dient gemeinnützigen Zwecken, wenn seine Tätigkeit darauf gerichtet ist, die Allgemeinheit auf materiellem, geistigem oder sittlichem Gebiet selbstlos zu fördern.

Die gemeinnützigen Zwecke sind in § 52 AO aufgezählt. Sie lassen sich unterscheiden zum einen in die **Förderung von bestimmten sachlichen Zwecken**, beispielsweise:

- → Naturschutz,
- → Jugend,
- → Wohlfahrtswesen,
- → Kunst und Kultur,
- → Hilfe für bedürftige Menschen,
- → Ortsverschönerung
- → Tierschutz,
- → demokratisches Staatswesen,

und zum anderen in die **Förderung der eigenen Freizeit**, beispielsweise:

- → Sport,
- → Kleingärtnerei,
- → traditionelles Brauchtum,
- → Mitwirkung in Chor oder Orchester.

ACHTUNG

Die Aufgaben und Inhalte eines Vereins werden als Zweck bezeichnet. Geselligkeit ist kein begünstigter Zweck. Jedoch schließen gelegentliche gesellige Zusammenkünfte die Gemeinnützigkeit genauso wenig aus wie die selbstverständliche Freude an der Vereinsarbeit, zusammen mit anderen Gleichgesinnten.

Voraussetzungen der Gemeinnützigkeit

Als Grundlage der Gemeinnützigkeit hat der Gesetzgeber steuerrechtliche Satzungsbestimmungen vorgegeben, die wörtlich in die Satzung aufgenommen werden müssen.

MUSTER

Anlage 1 (zu § 60) der Abgabenordnung (AO) (Auszug)

(nur aus steuerlichen Gründen notwendige Bestimmungen)

Der ... Verein mit Sitz in ... verfolgt ausschließlich und unmittelbar – gemeinnützige – mildtätige – Zwecke (nicht verfolgte Zwecke streichen) im Sinne des Abschnitts „Steuerbegünstigte Zwecke“ der Abgabenordnung.

Zweck des Vereins ist ... (z.B. die Förderung von Jugend- und Altenhilfe, Erziehung, Volks- und Berufsbildung, Kunst und Kultur, Landschaftspflege, Umweltschutz, des öffentlichen Gesundheitswesens, des Sports, Unterstützung hilfsbedürftiger Personen).

Der Satzungszweck wird verwirklicht insbesondere durch ... (z.B. Unterhaltung einer Erziehungsberatungsstelle, Pflege von Kunstsammlungen, Pflege des Liedgutes und des Chorgesanges, Errichtung von Naturschutzgebieten, Unterhaltung eines Kindergartens, Kinder-, Jugendheimes, Unterhaltung eines Altenheimes, eines Erholungsheimes, Bekämpfung des Drogenmissbrauchs, des Lärms, Förderung sportlicher Übungen und Leistungen).
Der Verein ist selbstlos tätig; er verfolgt nicht in erster Linie eigenwirtschaftliche Zwecke.
Mittel des Vereins dürfen nur für die satzungsmäßigen Zwecke verwendet werden. Die Mitglieder erhalten keine Zuwendungen aus Mitteln des Vereins.
Es darf keine Person durch Ausgaben, die dem Zweck des Vereins fremd sind, oder durch unverhältnismäßig hohe Vergütungen begünstigt werden.
Bei Auflösung des Vereins oder bei Wegfall steuerbegünstigter Zwecke fällt das Vermögen des Vereins

Alternativ entweder:
an ... (Bezeichnung einer juristischen Person des öffentlichen Rechts oder einer anderen steuerbegünstigten Körperschaft), die es unmittelbar und ausschließlich für gemeinnützige oder mildtätige Zwecke zu verwenden hat.
oder an eine juristische Person des öffentlichen Rechts oder eine andere steuerbegünstigte Körperschaft zwecks Verwendung für ... (Angabe eines bestimmten gemeinnützigen oder mildtätigen Zwecks, z.B. Förderung von Erziehung, Volks- und Berufsbildung, des Sports, der Unterstützung von Personen, die im Sinne von § 53 der Abgabenordnung wegen ... bedürftig sind.

Darüber hinaus ist im Rahmen der täglichen Vereinsarbeit darauf zu achten, dass die praktizierte Geschäftsführung auf die ausschließliche und unmittelbare Erfüllung der steuerbegünstigten Zwecke gerichtet ist.

Förderung der Allgemeinheit

Grundlage der Gemeinnützigkeit ist neben der Erfüllung einer oder mehrerer der vorgegebenen begünstigten Zwecke die Förderung der Allgemeinheit. Diese ist nicht gegeben, wenn der Kreis der Personen, dem die Förderung zugutekommt, fest abgeschlossen ist, wenn zum Beispiel eine Familie oder die Belegschaft eines Unternehmens allein die Begünstigten sind.

Auch ein Verein, dessen Tätigkeit in erster Linie seinen Mitgliedern zugutekommt (z.B. Sportvereine, Vereine zur Förderung der Tierzucht, der Pflanzenzucht, der Kleingärtnerei, des traditionellen Brauchtums), fördert nicht die Allgemeinheit, wenn er den Kreis der Mitglieder durch hohe Aufnahmegebühren oder Mitgliedsbeiträge und -umlagen klein hält. Die jährlichen Mitgliedsbeiträge dürfen durchschnittlich 1.023 Euro und die Aufnahmegebühren 1.534 Euro nicht übersteigen.

Mildtätige und kirchliche Zwecke

Zu den gemeinnützigen Zwecken gehören auch Mildtätigkeit und die Förderung kirchlicher Zwecke.

Mildtätigkeit liegt vor, wenn der Zweck des Vereins darauf gerichtet ist, Personen selbstlos zu unterstützen, die infolge ihres körperlichen, geistigen oder seelischen Zustands auf die Hilfe anderer angewiesen sind oder die wirtschaftlich hilfsbedürftig sind (§ 53 AO). Im Rahmen der Mildtätigkeit wird also nicht ein begünstigtes Anliegen unterstützt, vielmehr werden hilfsbedürftige Menschen versorgt.

Ein kirchlicher Zweck liegt vor, wenn die Tätigkeit darauf gerichtet ist, eine Religionsgemeinschaft des öffentlichen Rechts zu fördern, sie also einer Kirche nahestehend sind.

Selbstlosigkeit

Die Gemeinnützigkeit beruht auch auf dem Prinzip der Selbstlosigkeit. Selbstlosigkeit liegt vor, wenn durch die Tätigkeit des Vereins nicht in erster Linie eigenwirtschaftliche Zwecke des Vereins selbst oder seiner Mitglieder gefördert werden. Selbstlosigkeit bedeutet Uneigennützigkeit. Das schließt ein gewisses ideelles Eigeninteresse nicht aus, jedoch dürfen keine gewerblichen bzw. eigenwirtschaftlichen Zwecke im Vordergrund stehen.

BEISPIEL

Sie gründen den Verein „Fitness für alle", um Ihr kommerzielles Fitnessstudio besser auszulasten.

Nach der Gründung, die Sie mit sechs weiteren Mitarbeitern des Vereins vollzogen haben, bietet der Verein Kurse im Fitnessstudio an, die hauptsächlich von Ihnen und den anderen Gründungsmitgliedern geleitet und durchgeführt werden. Um die Aufnahme einer breiten Mitgliederzahl bemühen Sie sich nicht, im Gegenteil: Sie schrecken Interessenten ab, Mitglied im Verein zu werden, da Sie ihnen keine Mitspracherechte einräumen.

Fazit: Sie verstoßen gegen das Gebot der Selbstlosigkeit, da Sie vorwiegend an Ihren eigenen Nutzen denken.

Die Vereinsregister lehnen in letzter Zeit unter Hinweis auf § 21 BGB die Eintragung ab, wenn nach der Satzung vorrangig ein wirtschaftlicher Geschäftsbetrieb begründet werden soll.

Ausschließlichkeit

Gemeinnützig handelt ein Verein nur, wenn er ausschließlich die in seiner Satzung aufgeführten steuerbegünstigten Zwecke verfolgt. Wollen Sie steuerbegünstigte Zwecke verfolgen, die nicht in der Satzung genannt sind, müssen Sie deshalb zunächst eine Satzungsänderung vornehmen. (Siehe dazu auch Kapitel 4)

BEISPIEL

Ein Schützenverein möchte nicht nur Sportschießen betreiben, sondern auch einen Spielmannszug aufbauen. Ein Spielmannszug erfüllt den Satzungszweck der „Förderung des traditionellen Schützenwesens". In Ihrer Satzung ist aber nur die Ausübung des Schießsports geregelt.

In die Satzung muss also zusätzlich als Zweck „Förderung der Kultur" aufgenommen werden.

Der Grundsatz der Ausschließlichkeit bedeutet aber nicht, dass dem Verein jede wirtschaftliche Betätigung versagt wäre. Werbung, der Verkauf von Sportartikeln, der Betrieb einer Vereinsgaststätte und Ähnliches stehen der Gemeinnützigkeit nicht entgegen, wenn die Gewinne dazu dienen, die gemeinnützigen Zwecke zu fördern. (Mehr zur wirtschaftlichen Betätigung von Vereinen finden Sie in den Kapiteln 6 und 8.)

Unmittelbarkeit

Ein Verein muss seine Ziele unmittelbar verfolgen. Er muss selbst tätig sein und nach außen in eigenem Namen handeln. Es reicht nicht aus, sporadisch andere Vereine mit der gleichen Zielsetzung zu unterstützen. Zulässig ist jedoch die (kostenlose) Überlassung von eigenen Arbeitskräften und eigenen Räumen an andere steuerbegünstigte Vereine.

BEISPIEL

Der Musikverein Wunstorf überlässt die Übungsräume auch anderen gemeinnützigen Vereinen für Übungsstunden und Aufführungen. Dies ist zulässig, weil auch damit der Satzungszweck Kultur unmittelbar gefördert wird.

Wenn Ihr gemeinnütziger Verein Hilfe von anderen benötigt, müssen Sie die Vertragsbeziehungen so gestalten, dass das Wirken des Beauftragten (Hilfsperson) als Handeln Ihres Vereins wahrgenommen wird. Sie müssen umfassend auf das Handeln der Hilfsperson einwirken können und dies nachweisen können.

Ausgenommen vom Grundsatz der Unmittelbarkeit sind außerdem Fördervereine, bei denen die Mittelbeschaffung für andere steuerbegünstigte Organisationen als Satzungszweck festgelegt ist.

Fördervereine oder Spendensammelvereine sind Vereine, deren Hauptzweck das Sammeln von Mitteln für die steuerbegünstigten Zwecke anderer Vereine oder öffentlicher Einrichtungen ist. Beispiele hierfür sind Schulen, Kindergärten, Theater, Museen oder die Jugendarbeit anderer Vereine.

In der Satzung des Fördervereins muss klar und eindeutig festgelegt sein, für welchen Zweck bzw. an welche andere begünstigte Organisation die Mittel fließen sollen.

BEISPIEL

Satzungsklausel eines Fördervereins

Zweck des Vereins ist die Beschaffung von Mitteln für die Musikschule Wunstorf e.V. zur Verwirklichung ihrer steuerbegünstigten Zwecke.

Dieser Satzungszweck wird insbesondere durch die Erhebung von Beiträgen und das Einwerben von Spenden verwirklicht.

Kapitel 2:

Die Mitglieder des Vereins

Grundlage des Vereins sind seine Mitglieder. In diesem Kapitel werden die Aufnahme in den Verein, die Beendigung der Mitgliedschaft sowie die Rechte und Pflichten der Mitglieder behandelt.

Ein Verein lebt durch seine Mitglieder, denn sie sichern den Fortbestand des Vereins. Aus diesem Grund ist es für einen Verein wichtig, seine Mitglieder zu halten und neue Mitglieder zu gewinnen.

Von zentraler Bedeutung sind zudem die Rechte und Pflichten, die mit einer Vereinsmitgliedschaft verbunden sind, sowie die Frage, wie sie beendet werden kann.

Wie gewinne ich neue Mitglieder?

Es bieten sich verschiedene Möglichkeiten, um auf einen Verein aufmerksam zu machen und so neue Mitglieder zu werben. Eine wirksame Öffentlichkeitsarbeit mit einem gelungenen Internetauftritt, aussagekräftigen Werbematerialien sowie regelmäßigen Informationsveranstaltungen ist eine der Voraussetzungen. (Mehr zur Öffentlichkeitsarbeit finden Sie in Kapitel 7.)

Am wichtigsten sind jedoch die eigenen Mitglieder, denn zufriedene Mitglieder engagieren sich, wenn es um die Weiterempfehlung *ihres* Vereins geht. Leider werden die eigenen Mitglieder als „Werbeträger" häufig unterschätzt.

Wer entscheidet über die Mitgliedschaft?

Wie die Aufnahme eines Mitglieds erfolgt, muss sich aus der Satzung ergeben. Regeln Sie hier die Zuständigkeit und das Verfahren.

Neben dem Vorstand kann auch die Mitgliederversammlung oder ein weiteres Organ über Aufnahmeanträge entscheiden. Wir empfehlen, dass der Vorstand abschließend über die Aufnahme von Mitgliedern entscheidet. Dabei besteht grundsätzlich kein Aufnahmezwang. Wenn der Vorstand der Auffassung ist, dass ein Bewerber nicht in den Verein passt, sollte dieser allein über die Aufnahme entscheiden können. Eine „Berufungsmöglichkeit" an die Mitgliederversammlung bei einer Ablehnung ist nicht empfehlenswert. In der Satzung könnte eine solche Regelung wie folgt gefasst werden:

MUSTER

Satzungsregelung zur Aufnahme von Mitgliedern

§ ... Erwerb der Mitgliedschaft

(1) Zum Erwerb der Mitgliedschaft ist ein Aufnahmeantrag an den Vorstand zu richten. Über die Aufnahme entscheidet der Vorstand abschließend.

(2) Es besteht kein Aufnahmeanspruch. Die Ablehnung muss nicht begründet werden.

Verwenden Sie bei der Aufnahme von neuen Mitgliedern ein einheitliches Formular. Dies bietet folgende Vorteile:

- → Alle erforderlichen Daten und Erklärungen können einfach und einheitlich erhoben werden.
- → Das Mitglied verpflichtet sich schriftlich zur Leistung der Beiträge und kann eine Einzugsermächtigung für die Mitgliedsbeiträge erteilen.
- → Das Mitglied bestätigt schriftlich die Kenntnisnahme der Satzung und ggf. der Ordnungen und erkennt diese an.
- → Nach der EU-Datenschutz-Grundverordnung muss der Verein seine Mitglieder darüber informieren, welche Daten er wie verarbeitet. Zugleich können ggf. erforderliche Einwilligungen in die Datenverarbeitung eingeholt werden, zum Beispiel für die Veröffentlichung von Fotos.

MUSTER

Aufnahmeantrag

Hiermit beantrage ich die Mitgliedschaft in dem Verein Musikschule Wunstorf e. V.

Name:
Vorname:
Geburtsdatum:
Anschrift:
E-Mail:

Ich habe Kenntnis von der Satzung und der Beitragsordnung genommen und erkenne diese an. Die Datenschutzhinweise des Vereins habe ich zur Kenntnis genommen.

Ort, Datum, Unterschrift

Zusatz (bei minderjährigen Mitgliedern)
Ich stimme dem Aufnahmeantrag meines Kindes ____ zu.
Gleichzeitig erkläre ich, dass ich für die Beitragsverpflichtung meines Kindes ____ bis zum Erreichen von dessen Volljährigkeit einstehen werde.

Ort, Datum, Unterschrift des gesetzlichen Vertreters

Erteilung eines SEPA-Lastschriftmandats
Ich ermächtige den Verein Musikschule Wunstorf e.V., Zahlungen von meinem Konto mittels Lastschrift einzuziehen. Zugleich weise ich mein Kreditinstitut an, die von mir auf mein Konto gezogenen Lastschriften einzulösen.
Hinweis: Ich kann innerhalb von acht Wochen, beginnend mit dem Belastungsdatum, die Erstattung des belasteten Betrags verlangen. Es gelten dabei die mit meinem Kreditinstitut vereinbarten Bedingungen.

Ort, Datum, Unterschrift

WICHTIG: Der Verein muss noch folgende Angaben machen:

- ➜ Name, Adresse und Gläubiger-Identifikationsnummer des Vereins,
- ➜ eine vom Verein vergebene Mandatsreferenznummer,
- ➜ die Angabe, ob das Mandat für eine einmalige Zahlung oder für wiederkehrende Zahlungen verwendet wird,
- ➜ Name, Anschrift, Kontoverbindung und Unterschrift des Zahlungspflichtigen (des Mitglieds).
- ➜ Zudem müssen die Mitglieder ggf. vorab informiert werden, wenn der Beitrag eingezogen wird (sog. Prenotification).

Die Rechte und Pflichten der Mitglieder

Arten von Mitgliedschaften

Sowohl die Rechte als auch die Pflichten der Mitglieder müssen in der Satzung festgehalten werden. Grundsätzlich haben alle Mitglieder dieselben Rechte und Pflichten. Eine Ausnahme kann sich nur ergeben, wenn die Satzung Unterschiede bezüglich der Mitgliedschaft macht. So sehen viele Satzungen vor, dass es unterschiedliche Arten von Mitgliedschaften gibt:

Aktive und passive Mitglieder

Gerade in Sportvereinen ist es üblich, dass zwischen einer „aktiven" und einer „passiven" Mitgliedschaft unterschieden wird. Während das aktive Mitglied die Einrichtungen des Vereins nutzt, belässt es das passive Mitglied bei der reinen inaktiven Mitgliedschaft. Teilweise wird auch zwischen ordentlicher und außerordentlicher Mitgliedschaft unterschieden.

Fördermitglieder

Auch Fördermitglieder nutzen die Vereinseinrichtungen nicht und beschränken sich auf die „Förderung" des Vereins in der Regel durch finanzielle Unterstützung.

Jugendliche Mitglieder

Jugendliche Mitglieder bilden in Sportvereinen häufig die Jugendabteilung und zahlen vielfach geringere Beiträge.

Familienbeiträge

Durch Familienbeiträge können Familien entlastet werden, wodurch die Mitgliedschaft im Verein für weitere Familienangehörige attraktiv wird.

Ehrenmitglieder

Verdiente Mitglieder wie langjährige Vorstandsmitglieder können mit einer „Ehrenmitgliedschaft" geehrt werden. Häufig wird damit eine Beitragsbefreiung verbunden.

MUSTER

Satzungsregelung zur Mitgliedschaft

§ ... Mitgliedschaft

1. Der Verein hat die folgenden Mitglieder
   - aktive und passive Mitglieder sowie
   - Ehrenmitglieder.
2. Aktive Mitglieder dürfen die Angebote des Vereins nutzen und haben ein Stimmrecht in der Mitgliederversammlung. Passive Mitglieder unterstützen den Verein finanziell. Sie nutzen die Vereinsangebote nicht und haben kein Stimmrecht.
3. Mitglieder, die sich um den Verein besonders verdient gemacht haben, können durch Beschluss der Mitgliederversammlung zu Ehrenmitgliedern ernannt werden. Diese haben ein Stimmrecht und sind von der Verpflichtung zur Beitragszahlung befreit.

Die Rechte der Mitglieder

Ein großer Teil der Rechte ergibt sich aus dem Vereinsleben selbst. So haben die Mitglieder das Recht,

- die Einrichtungen des Vereins zu nutzen,
- an der Mitgliederversammlung teilzunehmen,
- in der Mitgliederversammlung abzustimmen,
- eine außerordentliche Mitgliederversammlung einberufen zu lassen,
- einen Auskunftsanspruch gegenüber dem Vorstand geltend zu machen,
- auf Schutz ihrer persönlichen Daten.

Diese Rechte sind geschützt. Wird das Mitglied an der Ausübung seiner Rechte gehindert, kann es auch gerichtliche Hilfe in Anspruch nehmen, um diese durchzusetzen. So hat ein Verein z.B. seinen Mitgliedern die Einrichtungen (Sportplatz oder Übungsräume) zur Verfügung zu stellen; selbstverständlich im Rahmen der üblichen Nutzung und Ordnungen. Sofern es durch die Satzung nicht ausgeschlossen ist, hat jedes Mitglied ein Stimmrecht.

Datenschutz

Darüber hinaus haben Mitglieder ein Recht auf Schutz ihrer Daten. Vereine sind verpflichtet, die Bestimmungen der EU-Datenschutz-Grundverordnung (DSGVO) und des Bundesdatenschutzgesetzes (BDSG) zu beachten.

Jede Datenverarbeitung bedarf einer Rechtsgrundlage. Das kann die Einwilligung oder ein berechtigtes Interesse sein. Aber auch die Mitgliedschaft als Vertragsverhältnis kann die Datenverarbeitung rechtfertigen. Datenschutz ist leider äußerst kompliziert und Vereinsvorstände sind gezwungen, sich intensiv damit zu beschäftigen. Dies gilt auch für den Umgang mit Fotos und Videos, insbesondere im Internet. Mitglieder und Teilnehmer an Vereinsveranstaltungen sind über die Datenverarbeitungen vorab zu informieren.

Die allermeisten Vereine werden ein Verzeichnis führen müssen, in dem die Datenverarbeitungen im und durch den Verein systematisch erfasst werden. Daten der Mitglieder dürfen nur unter engen Voraussetzungen an Dritte, zum Beispiel Dachverbände, weitergegeben werden. Das gilt auch für die Weitergabe an andere Mitglieder des Vereins. In der Regel setzt Letzteres die Einwilligung der Betroffenen voraus. Eine Ausnahme gilt für den Fall, dass eine außerordentliche Mitgliederversammlung gemäß § 37 BGB einberufen werden soll. Hierbei hat der Vorstand die Daten aller Mitglieder an diejenigen herauszugeben, die ein solches Minderheitenbegehren anstreben.

Verstöße gegen datenschutzrechtliche Bestimmungen können mit Bußgeldern geahndet werden!

Die Pflichten der Mitglieder

Ein geordnetes Vereinsleben ist nur möglich, wenn es klare Regeln gibt. Die Pflichten der Mitglieder müssen klar und verständlich in der Satzung niedergeschrieben sein, damit diese sich anhand der Satzung ein Bild von ihren Verpflichtungen machen können.

Typische Verpflichtungen sind:

- die Treuepflicht,
- die Pflicht zur Beitragszahlung sowie
- die Verpflichtung zur Zahlung von Umlagen.

Die Treuepflicht des Mitglieds besagt, dass es nicht gegen die Vereinsinteressen verstoßen darf und sich für die Verwirklichung des Vereinszweckes einsetzen muss.

Sofern sich der Verein durch Beiträge finanziert, ist das Mitglied zur Leistung von Beiträgen verpflichtet. Wenn die Satzung auch die Erhebung von Umlagen vorsieht, muss das Mitglied auch die beschlossenen Umlagen zahlen.

Verstößt das Mitglied gegen seine Pflichten, kann dies eine Vereinsstrafe zur Folge haben. Mehr zu den Vereinsstrafen siehe Kapitel 11.

Kommunikation mit den Mitgliedern

Am besten kommunizieren Sie mit den Mitgliedern per E-Mail. Die elektronische Post ist schnell und kostengünstig. Moderne Messengerdienste sind teilweise datenschutzrechtlich bedenklich. Zudem ist fraglich, ob Mitglieder verpflichtet werden können, einen bestimmten Messenger zu nutzen.

Informieren Sie die Mitglieder per E-Mail kurz über Termine und Beschlüsse. Bei längeren Texten verweisen Sie am besten mittels eines Links auf ausführlichere Darstellungen im Internet oder Sie fügen einen Anhang zur E-Mail bei.

Halten Sie die Mitglieder immer auf dem neuesten Stand, denn aktuelle Informationen motivieren zur Teilnahme und Mitarbeit! Sprechen Sie die Mitglieder außerdem direkt an: Ein Aufruf zur Mitarbeit bei der nächsten Veranstaltung oder Aktion wirkt bei einer direkten Ansprache eher als bei einem allgemeinen „Mitmach-Appell“.

MUSTER

Satzungsregelung zur Kommunikation und Verwaltung

§ ... Verwaltung

1. Die Mitglieder sind verpflichtet, dem Verein Änderungen der Anschrift oder der Grundlagen, die zur Erhebung des Mitgliedsbeitrags erheblich sind, mitzuteilen.
2. Die Mitglieder haben dem Verein eine SEPA-Einzugsermächtigung zu erteilen.
3. Einladungen zu Versammlungen und weiterer Schriftverkehr erfolgen mittels Brief oder mittels elektronischer Medien, wenn das Mitglied dem Verein entsprechende Kontaktdaten zur Verfügung stellt.

4. Einladungen gelten als zugegangen, wenn sie an die letzte dem Verein bekannt gegebene Postadresse oder E-Mail-Adresse versandt worden sind.
5. Der Vorstand und weitere Gremien fassen ihre Beschlüsse regelmäßig auf Versammlungen.
6. Mit Ausnahme der Mitgliederversammlung können Beschlüsse der Organe und Ausschüsse auch auf elektronischem Weg oder telefonisch gefasst werden. Die Beschlüsse sind wirksam, wenn sich wenigstens die Hälfte der jeweiligen Mitglieder an dieser Abstimmung beteiligt hat.

Beendigung der Mitgliedschaft

Sowohl für den Verein als auch für das Mitglied kann sich die Notwendigkeit ergeben, die Mitgliedschaft zu beenden. Um hier Streitigkeiten bereits im Vorfeld zu vermeiden, sollte eine klare und verständliche Satzungsregelung bestehen.

Dabei sollte zwischen den verschiedenen Beendigungsformen unterschieden werden: Der Verein kann ein Mitglied entweder ausschließen oder seine Mitgliedschaft kündigen. Auch dem Mitglied steht eine Kündigungsmöglichkeit zu.

Um Planungssicherheit zu haben, sollten in der Satzung entsprechende Kündigungsfristen vorgesehen werden.

Beendigung der Mitgliedschaft durch den Verein

Da die Mitgliedschaft ein durch das BGB geschütztes Recht ist, müssen die Beendigungsformen in der Satzung klar geregelt werden. An diese Verfahrensvorschriften muss der Vorstand sich halten, da ansonsten eine gerichtliche Überprüfung zu dem Schluss kommen kann, dass eine Maßnahme nicht wirksam war.

In der Satzung kann geregelt werden, dass die Mitgliedschaft auf eine der folgenden Arten beendet werden kann:

- Kündigung,
- Streichung von der Mitgliederliste oder
- Ausschluss aus dem Verein.

Eine Kündigung der Mitgliedschaft kann in der Satzung vorgesehen werden, wenn zwar kein schwerwiegender Verstoß gegen die Satzung vorliegt, aber der Verein sich dennoch von dem Mitglied trennen möchte. Die Kündigung ist mit einer Frist auszusprechen und muss vom Vorstand begründet werden. Das Mitglied erhält so Gelegenheit, die Kündigungsgründe zu überprüfen und sich von deren Rechtmäßigkeit zu überzeugen.

Die Streichung von der Mitgliederliste ist im Grunde ein „vereinfachtes Ausschlussverfahren" und stellt bei Nichtzahlung des Mitgliedsbeitrags oder wenn das Mitglied unbekannt verzogen ist ein geeignetes Mittel dar, sich von „Karteileichen" zu trennen.

Der Ausschluss aus dem Verein stellt den stärksten Eingriff in die Rechte des Mitglieds dar und sollte nur als letzte Möglichkeit gesehen werden. Die Voraussetzungen werden in Kapitel 11 ausführlich dargestellt.

Beendigung der Mitgliedschaft durch das Mitglied

Das Mitglied kann seine Mitgliedschaft jederzeit kündigen. Die Kündigung sollte grundsätzlich nur unter Einhaltung einer Frist und schriftlich zu einem festen Termin möglich sein.

Eine Erschwerung der Kündigung durch einen Begründungszwang oder besondere Formvorschriften *(„nur durch eingeschriebenen Brief")* ist nicht zulässig. Man spricht hier vom „Grundsatz der Austrittsfreiheit".

Eine fristlose Kündigung durch das Mitglied ist dagegen nur möglich, wenn ein sogenannter wichtiger Grund vorliegt. Ein wichtiger Grund liegt nach der Rechtsprechung vor, wenn für das Vereinsmitglied bei Verbleib im Verein bis zum Ablauf der satzungsgemäßen Kündigungsfrist eine unerträgliche Belastung entstehen würde, die dem Mitglied nicht zugemutet werden darf. Hier ist eine Abwägung der Interessen erforderlich. Eine Beitragserhöhung allein reicht in der Regel aber nicht aus, um einen wichtigen Grund anzunehmen. So wurde in der Rechtsprechung eine Beitragserhöhung von 40 % als nicht ausreichend für eine fristlose Kündigung der Mitgliedschaft angesehen.

MUSTER

Satzungsregelung zur Beendigung der Mitgliedschaft

§ ... Mitgliedschaft

1. Die Mitgliedschaft endet durch
   - Tod,
   - Kündigung durch den Verein oder das Mitglied,
   - Streichung von der Mitgliederliste,
   - Ausschluss aus dem Verein.
2. Die Kündigung durch den Verein kann durch den Verein mit einer Kündigungsfrist von sechs Wochen zum Jahresende ausgesprochen werden. Die Kündigung ist zu begründen.
3. Die Kündigung durch das Mitglied erfolgt durch schriftliche Erklärung gegenüber dem Vorstand. Sie ist nur mit einer Frist von sechs Wochen zum Jahresende möglich.
4. Die Streichung von der Mitgliederliste ist möglich, wenn das Mitglied seinen Beitragsverpflichtungen trotz Mahnung länger als zwei Monate nicht nachgekommen ist oder wenn es unbekannt verzogen ist oder sein Aufenthalt länger als ein Jahr unbekannt ist.
5. Ein Mitglied kann durch den Vorstand aus dem Verein ausgeschlossen werden, wenn es gegen die Vereinsinteressen in grober Weise verstoßen hat. Vor dem Ausschlussbeschluss ist das Mitglied anzuhören.

Kapitel 3:

Welche Stellung hat der Vorstand?

Die rechtlichen Grundlagen des Vereinsbetriebs sind im Bürgerlichen Gesetzbuch (BGB) geregelt. Die wesentlichen Vorschriften für die Vorstandstätigkeit werden nachstehend erläutert.

Nach dem Bürgerlichen Gesetzbuch muss ein Verein einen Vorstand haben, denn er kann ohne einen Vorstand nicht handeln. Die Einrichtung eines Vorstands wird somit vom Gesetz zwingend vorgeschrieben (§ 26 BGB). Keine Vorgaben macht das BGB dagegen hinsichtlich der Zusammensetzung des Vorstands.

Die Rechte und Pflichten des Vorstands

Jedes Vorstandsmitglied ist für die Einhaltung seiner Pflichten verantwortlich. Vorstandsmitglieder haften persönlich, wenn sie die Aufgaben nicht oder schlecht erfüllen. Verschaffen Sie sich daher bereits vor der Übernahme eines Vorstandsamtes einen Überblick über Ihr Aufgabengebiet. Prüfen Sie kritisch, ob Sie auch zeitlich in der Lage sind, alles zu erledigen. (Näheres zur Haftung finden Sie in Kapitel 10.)

Vertretungsberechtigung des Vorstands

Der Vorstand ist der „gesetzliche Vertreter" des Vereins. Er hat die Aufgaben, die den Verein betreffen, zu erledigen bzw. die Ausführung an andere Personen zu delegieren. Der Vorstand vertritt den Verein gerichtlich und außergerichtlich; diese Vertretung ist der Regelfall. Die Vertretungsmacht des Vorstands ist grundsätzlich unbeschränkt, sofern die Satzung sie nicht einschränkt.

Eine Einschränkung der Vertretungsmacht muss sich aus der Satzung ergeben, diese Beschränkung muss darüber hinaus im Vereinsregister eingetragen sein.

TIPP

Eine Beschränkung der Vertretungsmacht kann hilfreich sein, um Missbrauch zu verhindern. Sie sollte aber so geregelt sein, dass der Vorstand nicht handlungsunfähig wird.

Die Vertretungsmacht kann dahingehend eingeschränkt werden, dass die Vertretung entweder durch mehrere Mitglieder des Vorstands nur gemeinschaftlich ausgeübt werden kann oder dass die Vertretungsmacht wertmäßig oder hinsichtlich bestimmter Geschäfte beschränkt wird. Diese Möglichkeiten können aber auch kombiniert werden.

MUSTER

Satzungsregelung zur Vertretung

§ ... Vorstand

(...)

Der Verein wird durch zwei Mitglieder des Vorstands gemeinsam vertreten.

Der Vorstand ist nicht berechtigt, Rechtsgeschäfte mit einem Wert von mehr als XXX Euro abzuschließen. Diese bedürfen der Zustimmung der Mitgliederversammlung.

Sorgfaltspflicht

Dem Vorstand obliegt eine allgemeine Sorgfaltspflicht, die sich nach der Art und Größe des Vereins richtet. Hier sind die Besonderheiten des Vereins zu beachten: Unterhält ein Verein beispielsweise eine Sportanlage oder ein Vereinsheim, so sind die daraus resultierenden „Verkehrssicherungspflichten“ zu beachten, wie zum Beispiel die Räum- und Streupflichten.

Buchführungspflicht

Dem Vorstand obliegt die Pflicht zur Buchführung. Näheres dazu finden Sie in Kapitel 9.

Rechenschaftspflicht

Der Vorstand muss auf der Mitgliederversammlung unaufgefordert und umfassend über seine Tätigkeit und über die finanzielle und wirtschaftliche Lage des Vereins berichten. Die Einzelheiten haben wir in Kapitel 9 zusammengestellt.

Vermögensverwaltungspflicht

Der Vorstand hat das Vermögen des Vereins zu erhalten. Dazu gehört neben einem sorgfältigen Umgang mit dem Vermögen auch die Kontrolle der Einnahmen (Mitgliedsbeiträge, Fördermittel oder Zuschüsse) und Ausgaben des Vereins.

Bemerkt der Vorstand, dass sich die finanzielle Situation des Vereins durch ausbleibende Einnahmen oder gestiegene Ausgaben verschlechtert, muss er frühzeitig gegensteuern. Wenn der Verein nicht (mehr) in der Lage ist, die fälligen Zahlungsverpflichtungen zu erfüllen, kann eine Zahlungsunfähigkeit vorliegen. Dann ist der Vorstand zur Prüfung verpflichtet, ob er einen Antrag auf Eröffnung des Insolvenzverfahrens stellen muss. Die Folgen des Insolvenzverfahrens werden in Kapitel 12 erläutert.

Verpflichtungen aus dem Steuerrecht

Der Verein ist selbst Steuerpflichtiger. Der Vorstand als gesetzlicher Vertreter ist verpflichtet, die steuerrechtlichen Aufgaben zu erfüllen. Näheres zu den steuerrechtlichen Pflichten finden Sie in Kapitel 8.

Registerrechtliche Pflichten

Der eingetragene Verein muss dem Registergericht Änderungen im Verein bekanntgeben, dazu gehören:

- jede Änderung des Vorstands (§ 67 BGB),
- Änderungen der Satzung (§ 71 BGB).

Darüber hinaus kann das Registergericht vom Vorstand jederzeit eine schriftliche Bescheinigung der Mitgliederzahl verlangen. (Zur Eintragung des Vereins ins Vereinsregister siehe auch Kapitel 1.)

Weitere Aufgaben

Aus der Verfolgung des Satzungszwecks können sich zusätzliche Aufgaben ergeben.

Wie setzt sich der Vorstand zusammen?

Allgemeines

Das BGB besagt nur, dass der Verein einen Vorstand haben muss, nicht aber, wie sich dieser zusammensetzt. Traditionell sehen Satzungen einen Vorsitzenden sowie einen oder mehrere Stellvertreter vor. Daneben sind häufig gewisse Funktionsämter vorgesehen, wie Kassierer, Schriftführer, Beauftragte für gewisse Aufgabenbereiche, wie die Öffentlichkeitsarbeit, oder allgemein als Beisitzer bezeichnete Mitglieder.

Bedenken Sie, dass Sie immer ausreichend Mitglieder finden müssen, die bereit sind, ein Vorstandsamt auszuüben. Es entstehen rechtliche Probleme, wenn sich nicht genügend Freiwillige für den Vorstand finden und daher Ämter unbesetzt bleiben.

Häufig wird in Satzungen zwischen dem Vorstand im Allgemeinen und dem Vorstand nach § 26 BGB unterschieden: Der Vorstand beschließt über vorzunehmende Handlungen. Die vertretungsberechtigten Vorstandsmitglieder nach § 26 BGB sind dann im Außenverhältnis verantwortlich für die Durchführung der Beschlüsse:

MUSTER

Satzungsregelung zur Vorstandsbesetzung

§ ... Vorstand

Der Vorstand setzt sich wie folgt zusammen:

- dem/r Vorsitzenden,
- dem/r stellvertretenden Vorsitzenden,
- dem/r Kassierer/in,
- dem/r Schriftführer/in,
- dem/r Beauftragten für Öffentlichkeitsarbeit und
- bis zu zwei Beisitzer/inne/n.

Vertretungsberechtigt nach § 26 BGB sind der/die Vorsitzende, der/die stellvertretende Vorsitzende und der/die Kassier/in, jeweils zwei von ihnen gemeinsam.

Daneben kann ein „erweiterter Vorstand“ oder „Gesamtvorstand“ geschaffen werden, dem weitere Aufgabenbereiche zugewiesen werden können. In der Bezeichnung dieses zusätzlichen Organs ist der Verein frei (Beirat etc.). Sinnvoll ist eine solche Einrichtung, wenn im Verein Sparten oder Gruppen bestehen, die durch ihre jeweiligen Leiter in die Vorstandsberatungen oder -entscheidungen eingebunden werden sollen.

Ressortaufteilung

Um eine klare Abgrenzung und Aufgabenzuweisung innerhalb des Vorstands zu erreichen, empfiehlt es sich, eine schriftliche Ressortaufteilung zu fassen. Diese wird in der Regel in der Geschäftsordnung des Vereins festgelegt.

Eine Ressortaufteilung kann zu einer Haftungserleichterung führen. Wenn sich daraus ergibt, dass ein Vorstandsmitglied für einen bestimmten Bereich nicht zuständig war, kann es sich darauf berufen und so der Haftung entgehen. Allerdings verbleiben bei den übrigen Vorstandsmitgliedern Überwachungspflichten. (Mehr zur Haftung siehe Kapitel 10.)

Ausfall von Vorstandsmitgliedern

Des Weiteren sollte die Möglichkeit des „Ausfalls" eines Vorstandsmitglieds (durch Krankheit, Tod oder Rücktritt) berücksichtigt werden. Auch für einen solchen Fall kann die Satzung eine Regelung treffen.

Eine Neubesetzung dieser Position kann entweder im Wege der Personalunion oder der Kooption vorgenommen werden. Bei der Personalunion werden einem Mitglied zwei Ämter anvertraut (der stellvertretende Vorsitzende ist gleichzeitig Kassierer). Bei der Kooption beruft der Vorstand ein weiteres Mitglied in den Vorstand. Beide Möglichkeiten sollten in der Satzung geregelt sein.

MUSTER

Satzungsregelung zur Ergänzung des unvollständigen Vorstands
§ ... Vorstand

(...)

Scheidet ein Mitglied des Vorstands während der Amtszeit vorzeitig aus, kann der Vorstand für die restliche Amtszeit ein weiteres Mitglied in den Vorstand berufen (Kooption). Der Vorstand kann stattdessen auch im Wege der Personalunion eines seiner Mitglieder mit der Ausübung zweier Ämter betrauen.

Dauer der Amtszeit

Auch zur Dauer der Amtszeit sagt das BGB nichts aus. Vereinssatzungen sehen vielfach befristete Amtszeiten von einem, zwei oder vier Jahren vor. Selbst eine unbefristete Amtsdauer ist zulässig.

Ist die Amtszeit begrenzt, endet diese tagesgenau nach Ablauf. Oft findet die Versammlung, die die Neuwahl vornimmt, aber erst Wochen oder Monate später statt. In dieser Zeit wäre der Verein ohne amtierenden Vorstand. Hier hilft eine Klausel in der Satzung, die die Amtszeit bis zur Neuwahl fortdauern lässt.

MUSTER

Satzungsregelung zur Fortdauer der Amtszeit

§ ... Vorstand

(...)

Die Mitglieder des Vorstands bleiben auch nach Ablauf der Amtszeit im Amt, bis ein neuer Vorstand gewählt wird.

Der Notvorstand

Wenn sich die Situation ergibt, dass der Verein keinen vertretungsberechtigten Vorstand mehr hat, kann in dringenden Fällen das Amtsgericht einen „Notvorstand" bestellen.

Das Gesetz beschränkt die Möglichkeiten auf dringende Fälle (§ 29 BGB). Es wäre beispielsweise nicht ausreichend, wenn eine Wahl eines Vorstandsmitglieds nicht vorgenommen werden konnte, da sich kein Kandidat gefunden hat. Hier wird der Verein einen erneuten Wahlversuch durchführen müssen.

Für die Bestellung eines Notvorstands ist ein Antrag bei dem zuständigen Amtsgericht erforderlich. Sofern das Gericht dem Antrag stattgibt, wird für eine bestimmte Zeit ein Notvorstand bestellt. Seine Hauptaufgabe ist es dann, die Mitgliederversammlung einzuberufen, damit wieder ein funktionsfähiger Vorstand gewählt werden kann.

Willensbildung auf den Vorstandssitzungen

Der Vorstand fasst seine Beschlüsse auf den Vorstandssitzungen. Wie er diese gestaltet, sollte die Satzung regeln. Darüber hinaus können in einer Geschäftsordnung die Formalien für die Arbeit des Vorstands (Fristen, Formen,

Abstimmungsmodalitäten) beschrieben werden. Auch die Ressortaufteilung (siehe hierzu Kapitel 10) können Sie hier regeln.

Sofern die Satzung oder die Geschäftsordnung keine speziellen Regelungen zu Vorstandssitzungen enthalten, sind die Regeln zur Beschlussfassung der Mitgliederversammlung anzuwenden.

Einberufung der Vorstandssitzung

Für eine wirksame Beschlussfassung des Vorstands ist es erforderlich, dass die Vorstandssitzung ordnungsgemäß einberufen wird. Dabei ist es unter anderem notwendig, dass der Vorsitzende mit der Einladung zur Sitzung eine Tagesordnung mit den zu fassenden Beschlüssen versendet.

Nach § 32 BGB ist eine Tagesordnung mit den zu fassenden Beschlüssen anzugeben. Fehlt eine wirksame Ankündigung, verstößt dies gegen das Gesetz, und es besteht die Gefahr, dass die betreffenden Beschlüsse bei einer Anfechtung für unwirksam erklärt werden. Mitglieder, die von einer Beschlussfassung betroffen sind, wie etwa bei einem Ausschluss, können gegen den Beschluss klagen und ihn aufheben lassen.

Sinnvoll ist es, regelmäßige Vorstandssitzungen durchzuführen („jeden ersten Montag im Monat"). Auch wenn keine konkreten Aufgaben zu erledigen sind, behalten die Mitglieder des Vorstands so den Überblick über das Vereinsgeschehen.

Beschlussfassung

Voraussetzung für einen gültigen Beschluss ist die Beschlussfähigkeit des Vorstands. Diese regelt die Satzung oder die Geschäftsordnung. Hier kann festgelegt werden, dass eine Mindestzahl von Vorstandsmitgliedern bei der Sitzung anwesend sein muss, um eine Beschlussfassung vornehmen zu können.

Es kann zu Problemen führen, wenn nicht alle Vorstandsämter besetzt sind. Daher könnte die Satzung klarstellen, dass der Vorstand auch dann wirksam Beschlüsse fassen kann, wenn nicht alle Ämter besetzt sind.

Hinsichtlich der Abstimmung auf Vorstandssitzungen gelten die gleichen Regeln wie bei der Mitgliederversammlung. Es zählen auch hier nur die abgegebenen und gültigen Ja- und Neinstimmen. Enthaltungen werden nicht mitgezählt. Näheres siehe in Kapitel 4.

Kapitel 4:

Die Mitgliederversammlung

Die Mitgliederversammlung wird vielfach als das höchste Organ des Vereins bezeichnet. Sie fällt wichtige Entscheidungen für den Verein. Nachstehend erläutern wir die Rechte, Pflichten und Zuständigkeiten der Mitgliederversammlung.

Die Zuständigkeit der Mitgliederversammlung

„Die Angelegenheiten des Vereins werden, soweit sie nicht von dem Vorstand oder einem anderen Vereinsorgan zu besorgen sind, durch Beschlussfassung in einer Versammlung der Mitglieder geordnet." Soweit das Bürgerliche Gesetzbuch (BGB) in § 32 zur Mitgliederversammlung.

Das BGB sieht zum einen eine „Allzuständigkeit" der Mitgliederversammlung vor, gleichzeitig räumt es dem Verein aber auch die Möglichkeit ein, die Aufgabenverteilung in der Satzung selbst zu regeln. Insofern kann die Mitgliederversammlung durchaus als das „höchste Organ" des Vereins bezeichnet werden. Im Allgemeinen ist die Mitgliederversammlung für die Beschlussfassung in grundsätzlichen Angelegenheiten zuständig.

Um Unklarheiten und möglichen Streitigkeiten vorzubeugen, ist es wichtig, in der Satzung klar zu regeln, welches Organ für welche Aufgaben zuständig ist.

MUSTER

Satzungsregelung hinsichtlich der Zuständigkeit

§ ... Mitgliederversammlung

Die Mitgliederversammlung ist zuständig für:

- Bestellung und Abberufung des Vorstands,
- Entgegennahme der Berichte des Vorstands,
- Entgegennahme des Berichts der Kassenprüfer,
- Entlastung des Vorstands,
- Wahl der Kassenprüfer,
- Erlass und Änderungen von Vereinsordnungen (Beitragsordnung etc.),
- Satzungsänderungen,
- Beschlussfassung über eingereichte Anträge,
- Auflösung des Vereins.
- (...)

Wie und wann wird die Mitgliederversammlung einberufen?

Die Satzung muss zwingend eine Regelung enthalten, wie die Mitgliederversammlung einberufen werden soll. Wie Sie zu der Mitgliederversammlung einladen möchten, können Sie frei regeln. Beachten Sie jedoch, dass im Streitfall die ordnungsgemäße Einladung nachgewiesen werden muss. Zu bedenken sind auch die Kosten und der Aufwand, die die Einladung zur Folge hat.

Eine Einladung kann folgendermaßen erfolgen:

- per Brief,
- per E-Mail,
- durch Abdruck in der Vereinszeitschrift,
- durch Bekanntmachung auf der Homepage des Vereins,
- durch eine Anzeige in der konkret zu benennenden Lokalzeitung.

Im BGB ist eine bestimmte Ladungsfrist nicht vorgesehen, so dass der Verein auch diese frei bestimmen kann. Eine bestimmte Frist ist erforderlich, da die Mitglieder den Termin bei ihrer Planung berücksichtigen und sich auf die Mitgliederversammlung vorbereiten können. Die Frist sollte nicht weniger als zwei Wochen betragen.

MUSTER

Satzungsregelung hinsichtlich der Einladung

§ ... Mitgliederversammlung

(...)

Zu der Mitgliederversammlung lädt der Vorstand mit einer Frist von drei Wochen schriftlich oder per E-Mail unter Angabe der Tagesordnung ein. Für den Fristbeginn ist der Tag der Absendung maßgeblich.

Die Tagesordnung

Mit der Einladung zur Mitgliederversammlung wird die Tagesordnung bekanntgegeben. Die Tagesordnung wird vom Vorstand aufgestellt, wobei jedes

Mitglied berechtigt ist, Anträge zu stellen. Diese sind an den Vorstand zu richten, welcher sie in die Tagesordnung aufnimmt.

MUSTER

Satzungsregelung hinsichtlich der Antragsberechtigung
§ ... Mitgliederversammlung

(...)

1. Anträge zur Tagesordnung können bis zum 31. Januar eines Jahres an den Vorstand gerichtet werden.

Aus der Tagesordnung muss das Mitglied erkennen können, welche Tragweite die Behandlung des Themas hat. Achten Sie daher bei den Beschlussvorlagen darauf, dass diese ausreichend und verständlich formuliert in die Tagesordnung aufgenommen werden.

BEISPIEL

- ➜ Nicht ausreichend: „TOP X: Beitragsanpassung"
- ➜ Transparent und daher besser: „TOP X: Der Jahresbeitrag soll um 12 Euro erhöht werden."

Nach der zweiten Alternative (richtig) ist eine Erhöhung von 12 Euro beantragt worden. Die Mitgliederversammlung kann in diesem Fall auch eine Erhöhung um 8 Euro beschließen, aber keine Erhöhung von mehr als 12 Euro.

Besonderheiten ergeben sich bei Satzungsänderungen. Die Satzung eines Vereins ist dessen Grundgesetz. Aus diesem Grund ist es wichtig, dass diese immer den aktuellen Erfordernissen entspricht. Eine Gründungssatzung kann durch die weitere Entwicklung des Vereins nicht auf Dauer alles zur Zufriedenheit regeln. Sie muss immer wieder einer kritischen Überprüfung unterzogen werden. Allerdings gelten hier schon im Vorfeld strengere Verfahrensvorschriften. Sie müssen den zu fassenden Satzungstext allen Mitgliedern vor der Versammlung bekanntgeben. Die bloße Ankündigung „Satzungsänderung" reicht nicht aus!

TIPP

Stellen Sie die geplante Satzungsänderung in Form einer Gegenüberstellung (alt/neu) dar. So können sich die Mitglieder ein Bild von der Änderung machen und den Grund der Änderung besser verstehen. Erläutern Sie im Vorfeld, warum Sie die Satzung ändern möchten.

Wer darf an der Mitgliederversammlung teilnehmen?

Zur Mitgliederversammlung sind grundsätzlich alle Mitglieder einzuladen, unabhängig davon, ob sie ein Stimmrecht haben oder nicht. Wenn einzelne Mitglieder nicht eingeladen werden, kann dies die Nichtigkeit der gefassten Beschlüsse zur Folge haben. Diese nicht eingeladenen Mitglieder können gegen die gefassten Beschlüsse klagen, da sie dort nicht abstimmen konnten.

Vereine mit minderjährigen Mitgliedern stehen vor der Frage, ob diese Mitglieder selbst abstimmen dürfen oder ob das Stimmrecht durch die Eltern ausgeübt wird. Das Gesetz unterscheidet bei Minderjährigen zwischen Kindern, die das siebente Lebensjahr noch nicht vollendet haben, und solchen von sieben bis 17 Jahren. Erstere sind geschäftsunfähig. Sie dürfen nicht abstimmen. Für diese stimmen die Eltern ab. Kinder, die zwar sieben, aber noch nicht 18 sind, werden als „beschränkt geschäftsfähig" angesehen (§ 106 BGB). Hier können die Eltern einwilligen, dass das Kind in der Mitgliederversammlung selbst abstimmt. Die Eltern haben aber auch die Möglichkeit, selbst für ihre Kinder abzustimmen. Zulässig ist es aber auch, in der Satzung das Stimmrecht von minderjährigen Mitgliedern auszuschließen. Dann sind auch die Eltern nicht berechtigt, das (fehlende) Stimmrecht der Kinder auszuüben.

Grundsätzlich sind Mitgliederversammlungen nicht öffentlich. Zu Mitgliederversammlungen können aber auch Menschen erscheinen, die nicht Vereinsmitglieder sind, wie z.B. Vertreter der Presse, Delegationen von Verbänden, Politiker oder auch Rechtsanwälte von Mitgliedern, gegen welche ein Vereinsstrafverfahren behandelt werden soll. Wenn die Satzung keine Regelung über „Gäste" enthält, sollte vor Beginn der Versammlung über die Anwesenheit ein Beschluss gefasst werden.

Versammlungsleitung

Die Mitgliederversammlung wird üblicherweise durch den Vorsitzenden des Vereins geleitet. Die Satzung kann jedoch auch vorsehen, dass ein gesonderter Versammlungsleiter bestellt wird. Während sich der Versammlungsleiter um den Ablauf der Versammlung kümmert, kann der Vorstand auf die inhaltlichen Probleme eingehen.

MUSTER

Satzungsregelung hinsichtlich der Versammlungsleitung

§ ... Mitgliederversammlung

(...)

Die Mitgliederversammlung wird durch den ersten Vorsitzenden geleitet, sofern kein gesonderter Versammlungsleiter bestimmt wird.

Beschlussfassung

Abstimmungen

Beschlüsse werden durch eine Abstimmung gefasst. Bei der Abstimmung sind verschiedene Dinge zu beachten, die in der Satzung geregelt sein sollten:

- die Beschlussfähigkeit der Mitgliederversammlung,
- die Stimmberechtigung der einzelnen Mitglieder,
- die Form der Abstimmung,
- die zu beachtenden Mehrheitsverhältnisse.

Die Satzung kann vorsehen, dass die Mitgliederversammlung nur Beschlüsse fassen kann, wenn ein bestimmter Teil der Mitglieder erschienen ist. Bedenken Sie bei der Erstellung der Satzung jedoch, dass es bei einem Anwachsen der Mitgliederzahl immer schwieriger wird, eine solche Mindestzahl zu einem Erscheinen zu bewegen. Diese Beschlussfähigkeit muss auch bei jeder Abstimmung gegeben sein.

MUSTER

Satzungsregelung hinsichtlich der Beschlussfähigkeit

§ ... Mitgliederversammlung

(...)

Die Mitgliederversammlung ist unabhängig von der Anzahl der erschienenen Mitglieder beschlussfähig.

Grundsätzlich ist jedes Mitglied stimmberechtigt. Die Satzung kann jedoch einzelnen Mitgliedern das Stimmrecht entziehen. Häufig wird das Stimmrecht auch an einen bestimmten Mitgliedsstatus geknüpft, sodass beispielsweise nur „aktive" Mitglieder ein Stimmrecht haben.

Jedes Mitglied hat seine Stimme grundsätzlich persönlich abzugeben. Eine Stimmrechtsübertragung ist nur möglich, wenn sie in der Satzung vorgesehen ist. Wenn eine Stimmrechtsübertragung in der Satzung vorgesehen werden soll, sollten Sie die Anzahl der zu übertragenden Stimmen begrenzen! So vermeiden Sie, dass Gruppen durch geschickte Stimmrechtsübertragungen das „Zepter übernehmen"!

MUSTER

Satzungsregelung hinsichtlich der Stimmrechtsübertragung

§ ... Mitgliederversammlung

(...)

Jedes Mitglied hat eine Stimme. Eine Übertragung des Stimmrechts ist nur schriftlich möglich. Dabei darf ein Mitglied nicht mehr als drei Stimmen übertragen bekommen. Die Stimmrechtsübertragung ist vor Beginn der Mitgliederversammlung dem Versammlungsleiter anzuzeigen.

Um spätere Streitigkeiten im Verein zu vermeiden, sollte in der Satzung geregelt werden, wie abzustimmen ist. Üblich ist eine Abstimmung mit Handzeichen; es kann aber auch eine geheime Abstimmung (beispielsweise bei Wahlen) vorgesehen werden.

Bei der Beschlussfassung entscheidet die Mehrheit der abgegebenen Stimmen. Enthaltungen oder ungültige Stimmen werden nicht mitgezählt.

Welche Mehrheiten erforderlich sind, kann in der Satzung geregelt werden. Wenn die Satzung keine Regelung enthält, gelten die Mehrheitserfordernisse des BGB, wonach bis auf Ausnahmefälle die einfache Mehrheit der abgegebenen Stimmen ausreicht und für Satzungsänderungen und Auflösung des Vereins drei Viertel der abgegebenen Stimmen erforderlich sind.

MUSTER

Satzungsregelung hinsichtlich der Abstimmungsform

§ ... Mitgliederversammlung

(...)

Abstimmungen werden grundsätzlich durch Handheben vorgenommen. Auf Antrag ist eine geheime Abstimmung durchzuführen, wenn dies mit einfacher Mehrheit der abgegebenen Stimmen beschlossen wird.

Beschlüsse werden mit der Mehrheit der abgegebenen Stimmen gefasst. Anträge auf Änderung der Satzung und des Zweckes des Vereins bedürfen der Mehrheit von 2/3 der abgegebenen Stimmen. Zur Auflösung des Vereins bedarf es der Mehrheit von 3/4 der abgegebenen Stimmen.

Wahlen

Der Vorstand eines Vereins sowie die Kassenprüfer werden gewählt. Wahlen sind ebenfalls eine Form der Beschlussfassung und müssen in der Satzung geregelt werden.

Bei den Vorstandswahlen muss geregelt werden, ob diese einzeln oder als „Block“ gewählt werden. Eine Blockwahl wird durchgeführt, wenn mehrere Personen als „Vorstandsmannschaft“ vorgestellt werden, welche dann zusammen gewählt werden sollen. Fehlt in der Satzung eine Regelung zur Blockwahl, müssen alle Kandidaten einzeln gewählt werden. Wenn mehrere Kandidaten gegeneinander antreten, sollte eine Stichwahl vorgesehen werden, wenn kein Kandidat die Stimmenmehrheit erreicht.

MUSTER

Satzungsregelung für Wahlen

§ ... Wahlvorschriften

(...)

Vor der Wahl ist durch die Mitgliederversammlung ein Wahlleiter zu bestimmen.
Wahlen werden grundsätzlich geheim und für jedes Amt einzeln vorgenommen.
Auf Antrag kann eine Blockwahl vorgenommen werden.
Hat im ersten Wahlgang kein Kandidat die Mehrheit der abgegebenen Stimmen auf sich vereinigt, ist eine Stichwahl zwischen den beiden Kandidaten durchzuführen, die die meisten Stimmen erzielt haben. In der Stichwahl ist der Kandidat gewählt, der die Mehrheit der Stimmen erhält. Bei gleicher Stimmenzahl in der Stichwahl entscheidet das Los. Die Vorstandsmitglieder sind wirksam gewählt, wenn die gewählten Kandidaten die Wahl angenommen haben.

Wenn ein Kandidat gewählt worden ist, ist es zwingend erforderlich, dass er die Wahl annimmt. Diese Erklärung muss im Protokoll der Mitgliederversammlung (siehe unten) aufgenommen werden. Fehlt diese Erklärung, wird das Registergericht die Eintragung ablehnen.

Wenn ein Kandidat an der Mitgliederversammlung nicht teilnimmt, kann er seine Zustimmung bereits vorab schriftlich mitteilen.

Die außerordentliche Mitgliederversammlung

Die Mitgliederversammlungen haben üblicherweise einen festen Rhythmus, in welchem sie stattfinden. Diese werden dann oft auch als Jahreshauptversammlung bezeichnet.

Außerhalb dieser regelmäßigen Termine kann sich das Erfordernis einer zusätzlichen Versammlung ergeben, beispielsweise nach einem Rücktritt von Vorstandsmitgliedern oder bei anstehenden größeren Vorhaben, zu denen der Vorstand die Zustimmung der Mitgliederversammlung einholen möchte.

Des Weiteren kann der Fall eintreten, dass ein Teil der Mitglieder eine Mitgliedersammlung für erforderlich hält. Hierfür sieht das Gesetz das Recht einer Minderheit der Berufung auf Verlangen vor (§ 37 BGB). Das Minderheitenbegehren auf Einberufung einer außerordentlichen Mitgliederversammlung ermöglicht die Abhaltung einer Versammlung auch gegen den Willen des Vorstands.

Die Verfahren zur Einberufung einer außerordentlichen Mitgliederversammlung und die Möglichkeit des Minderheitenbegehrens können in der Satzung geregelt werden, da die Mitglieder regelmäßig keine Kenntnis vom Bürgerlichen Gesetzbuch haben und es sinnvoll ist, in der Satzung das Vereinsleben verständlich zu regeln.

MUSTER

Satzungsregelung zur Einberufung einer außerordentlichen Mitgliederversammlung

§ ... Mitgliederversammlung

(...)

Eine außerordentliche Mitgliederversammlung ist durch den Vorstand einzuberufen, sofern dies im Interesse des Vereins erforderlich ist oder sofern die Einberufung durch 1/3 der Mitglieder schriftlich unter Angabe der Gründe verlangt wird.

Das Recht der Mitglieder, eine (außerordentliche) Mitgliederversammlung einzuberufen, kann in der Satzung nur näher beschrieben, aber nicht ausgeschlossen werden.

Grundsätzlich hat der Vorstand bei einem solchen Mitgliederbegehren kein Prüfungsrecht, ob der angegebene Grund für eine Mitgliederversammlung ausreichend ist. Er muss die Versammlung einberufen, wenn die Voraussetzungen gegeben sind. Kommt der Vorstand diesem Verlangen nicht nach, können sich die Mitglieder durch das Gericht ermächtigen lassen, die Mitgliederversammlung selbst einzuberufen.

Protokoll

Die Beschlüsse einer Versammlung sind zu protokollieren.

Die Protokollführung ist in mehrfacher Hinsicht wichtig für den Verein. Aus dem Protokoll ergeben sich die gefassten Beschlüsse und es dient im Streitfall als Beweis (Urkunde). Weiter kann das Protokoll von Behörden (z.B. Finanzamt) angefordert werden, um die ordnungsgemäße Geschäftsführung zu überprüfen. Schlussendlich liefert das Protokoll eine Chronologie der wesentlichen Vereinsereignisse.

Aus diesen Gründen sollte der Protokollführer das Protokoll gewissenhaft erstellen. Das Beispiel des Gründungsprotokolls bzw. einer Niederschrift in Kapitel 1 kann Ihnen als Vorlage dienen.

Auch der Inhalt eines Protokolls ist gesetzlich nicht geregelt; es sollten jedoch die wesentlichen Inhalte und die Ergebnisse der Wahlen und Beschlüsse der Versammlung wiedergegeben werden.

CHECKLISTE

Protokoll einer Mitgliederversammlung

Folgende Punkte sollte das Protokoll enthalten:

- → Ort und Zeit der Versammlung
- → Anwesende (Anwesenheitsliste)
- → Feststellung der Beschlussfähigkeit
- → Punkte der Tagesordnung (Hier ist der genaue Wortlaut der Beschlüsse mit dem genauen Abstimmungsergebnis aufzunehmen.)
- → Bei Wahlen ist auch das genaue Abstimmungsergebnis aufzunehmen.
- → Darüber hinaus sind die Personalien der Gewählten und (wichtig!) deren Annahmeerklärung aufzuführen.
- → Unterschriften des Versammlungsleiters und des Protokollführers

Eine Verpflichtung, das Protokoll den Mitgliedern bekanntzugeben, besteht nach dem Gesetz nicht. Dennoch sollten Sie den Mitgliedern die Protokolle der Mitgliederversammlung zur Kenntnis bringen. Sie schaffen so Transparenz und wecken das Interesse an der Vereinsarbeit. Wie Sie das Protokoll veröffentlichen, können Sie in der Satzung regeln. Eine Veröffentlichung im nicht geschlossenen Bereich der Homepage des Vereins ist aus Datenschutzsicht bedenklich und sollten Sie vermeiden.

MUSTER

Satzungsregelung zur Protokollführung

§ … Protokolle

1. Von allen Versammlungen ist ein Protokoll zu erstellen, das den wesentlichen Inhalt der Versammlung und die Beschlussfassungen im Wortlaut wiedergibt.
2. Diese Niederschriften sind vom Protokollführer und dem Versammlungsleiter zu unterschreiben.
3. Protokolle sind den Mitgliedern des jeweiligen Gremiums innerhalb von zwei Wochen nach der Versammlung per E-Mail zur Kenntnis zu bringen. Geht innerhalb von vier Wochen nach dem Versand kein Widerspruch ein, gilt das Protokoll als genehmigt. Eingehende Widersprüche sind auf der nächsten Versammlung zu behandeln.

Die virtuelle oder hybride Mitgliederversammlung

Aufgrund der Corona-Pandemie konnten Mitgliederversammlungen in Präsenzform vielfach nicht stattfinden. Eine virtuelle oder hybride Versammlung ist aber nur möglich, wenn die Satzung diese ausdrücklich vorsieht. Bislang war dies nur bei sehr wenigen Vereinssatzungen der Fall. Für die Dauer der Pandemie hat der Gesetzgeber vorübergehend die Möglichkeit geschaffen, dass Mitgliederversammlungen von Vereinen auch rein digital (z.B. als Videokonferenz) oder als Kombination von Präsenzversammlung mit der Möglichkeit, dass Mitglieder sich digital zuschalten können (sog. hybride Mitgliederversammlung), stattfinden können. Vereine könnten darüber nachdenken, diese Formen auch in der Satzung zu regeln, um zukünftig flexibel zu sein.

MUSTER

Satzungsregelung für eine digitale oder virtuelle Mitgliederversammlung

§ … Mitgliederversammlung

(…)

Mitgliederversammlungen finden grundsätzlich als Präsenzversammlungen statt. Der Vorstand kann beschließen, dass die Mitgliederversammlung ausschließlich als virtuelle Mitgliederversammlung in Form einer onlinebasierten Videoversammlung oder als Kombination von Präsenzversammlung und virtueller Versammlung (hybride Mitgliederversammlung) stattfindet.

Ohne einen entsprechenden Beschluss des geschäftsführenden Vorstandes haben die Mitglieder keinen Anspruch darauf, virtuell an einer Präsenzversammlung teilzunehmen. Teilnahme- und stimmberechtigten Personen, die nicht in Präsenzform an der virtuellen oder hybriden Mitgliederversammlung teilnehmen, wird durch geeignete technische Vorrichtungen die Möglichkeit gegeben, virtuell an der Mitgliederversammlung teilzunehmen und das Stimmrecht auf elektronischem Wege auszuüben.

Kapitel 5:

Der Verein als Arbeitgeber

Die Aktivitäten des Vereins werden von Mitgliedern und Beschäftigten gestaltet. Die rechtlichen Bestimmungen der Tätigkeiten für den Verein werden im nachfolgenden Kapitel vorgestellt und erläutert.

In einem Verein fallen viele Aufgaben an. Typischerweise werden diese von den Vereinsmitgliedern ehrenamtlich erledigt. Diese setzen sich für die Vereinsziele ein, weil diese ihnen am Herzen liegen, ohne an eine Bezahlung zu denken.

Gerade in größeren Vereinen kommen aber auch immer wieder bezahlte Mitarbeiter zum Einsatz. In diesem Fall hat der Verein sämtliche Pflichten eines Arbeitgebers zu erfüllen.

Tätigkeiten der Mitglieder

Im Vereinsrecht gilt der Grundsatz der Ehrenamtlichkeit; dieser bewirkt, dass kein Anspruch auf Zahlungen von Vergütungen gegen den Verein entsteht, wenn ein Mitglied für den Verein tätig wird. In älteren Satzungen wurde die Bezahlung sogar ausdrücklich verboten, weil bis in die 1970er-Jahre eine Vergütung als Verstoß gegen die Gemeinnützigkeit angesehen wurde.

Die vom Gesetzgeber vorgeschriebene Bestimmung *„Die Mitglieder erhalten keine Zuwendungen aus Mitteln der Körperschaft"* ist missverständlich und wird häufig dahingehend interpretiert, dass Vergütungen an Mitglieder unzulässig sind. Diese Auffassung ist jedoch falsch:

- Zahlungen in angemessener Höhe sind zulässig.
- Nur Zahlungen ohne Gegenleistungen sind Zuwendungen und folglich verboten. Vor allem in größeren Vereinen kommen auch bezahlte Mitarbeiter zum Einsatz.
- Grundsätzlich können Mitglieder im Rahmen eines Dienst- oder Werkvertrags oder als Arbeitnehmer für den Verein tätig werden.

Bezahlte Mitarbeit

Das Vereinsrecht und das Gemeinnützigkeitsrecht erlauben die Bezahlung von Tätigkeiten im Verein. Jedoch müssen Sie darauf achten, dass sich die Vergütungen in einem angemessenen Rahmen bewegen. Fragen Sie sich: Was würde ein „Fremder" für die Ausführung der Tätigkeit erhalten? Dieser Betrag bildet die Obergrenze der Vergütung, die nicht überschritten werden darf.

BEISPIEL

Ihr Verein hat Räume zur Verfügung gestellt bekommen. Dort werden zu festen Zeiten Flüchtlingskinder bei den Hausaufgaben betreut. Die für die Betreuung eingesetzten Mitglieder erhalten eine pauschale Aufwandsentschädigung gemäß § 3 Nr. 26 EStG von 10 Euro pro Stunde.

Mit der Bezahlung können Sie eine vertragliche Grundlage über die Pflichten der Mitarbeiter schaffen. Sie stellen regelmäßige Öffnungszeiten sicher. Die eingesetzten Personen haben die Verpflichtung übernommen, zu vorher festgelegten Zeiten anwesend zu sein. Der Verein sorgt zugleich für eine verlässliche Aufsicht während der Öffnungszeiten. Dies ist wichtig, weil bei der Arbeit mit Jugendlichen besondere Aufsichtspflichten bestehen.

ACHTUNG

Zahlungen an Mitglieder müssen vorher vereinbart werden. Eine nachträgliche Entlohnung ohne vorher vereinbarten Zahlungsanspruch bedeutet einen Verstoß gegen die Gemeinnützigkeit.

Geschäftsführung und Vorstandsvergütungen

Die Geschäftsführung des Vereins obliegt dem vertretungsberechtigten Vorstand (§ 26 BGB). Das Vorstandsamt wird laut Bürgerlichem Gesetzbuch unter Hinweis auf die Vorschriften zum Auftragsverhältnis grundsätzlich ehrenamtlich ausgeführt. § 27 Abs. 3 BGB lautet: *„Auf die Geschäftsführung des Vorstands finden die für den Auftrag geltenden Vorschriften der §§ 664 bis 670 BGB entsprechende Anwendung. Die Mitglieder des Vorstands sind unentgeltlich tätig.“*

Jedoch erlaubt § 40 BGB dem Verein, hiervon abzuweichen und dem Vorstand eine Vergütung zu zahlen. Voraussetzung dabei ist eine klare und eindeutige Festlegung in der Satzung.

Nach dem Wortlaut des § 27 BGB muss jegliche Form der Bezahlung von Vorstandsmitgliedern durch die Satzung genehmigt sein, selbst wenn es sich um Tätigkeiten handelt, die mit der Vorstandsarbeit selbst in keinem Zusammenhang stehen. Viele Finanzämter beziehen dies allerdings nur auf die Vergütung der unmittelbaren Vorstandstätigkeit.

Beispiel: Die hauptamtliche Betreuerin in einem Kindergartenverein wird in den Vorstand des Vereins gewählt. Da die Zahlung von Vergütungen an Vorstandsmitglieder nach § 27 BGB nicht zulässig ist, liegt bei Fortführung des Beschäftigungsverhältnisses ein Gesetzesverstoß vor. Das Finanzamt könnte dem Verein die Gemeinnützigkeit entziehen, was aber u.E. in diesem Beispiel unwahrscheinlich ist. Durch eine Satzungsänderung kann und sollte die Zahlung von Vergütungen an Vorstandsmitglieder geregelt und damit eine böse Überraschung vermieden werden.

MUSTER

Satzungsregelung zu Vorstandsvergütungen

§ ... Vorstandsvergütungen

Vorstandsämter werden grundsätzlich ehrenamtlich ausgeübt.

Die Mitgliederversammlung kann beschließen, dass Vorstandsmitglieder im Rahmen eines Dienst- oder Werkvertrags tätig werden. Der Vorstand ist zuständig für die Vertragsinhalte.

Alternative Regelung für kleinere Vereine:

Die Vorstandsmitglieder erhalten eine angemessene Aufwandsentschädigung im Rahmen des § 3 Nr. 26a EStG.

In jeden Fall haben die Vorstandsmitglieder einen Anspruch auf Erstattung der ihnen durch das Amt entstehenden Auslagen. Das sind regelmäßig Fahrtkosten und Verwaltungsaufwendungen.

Die Erstattung der Auslagen ist nur bei Vorlage ordnungsgemäßer Abrechnungen zulässig. Aus der Abrechnung müssen sich der Grund und die Notwendigkeit der Aufwendungen ergeben. Darüber hinaus müssen sich die Aufwendungen der Höhe nach in einem angemessenen Rahmen bewegen. Die Angemessenheit wird daran gemessen, was Sie einem Fremden, der nicht Vereinsmitglied ist, zahlen würden (Drittvergleich).

Wann liegt ein steuerrechtlich relevantes Dienstverhältnis vor?

Da mit der Beschäftigung bezahlter Mitarbeiter zahlreiche lohnsteuer- und sozialversicherungsrechtliche Verpflichtungen verbunden sind, stellt sich die Frage: Wann genau liegt ein Dienstverhältnis vor?

Vereinsmitglieder, die gelegentlich bei besonderen Anlässen aushelfen und nicht auf Stundenbasis vergütet werden, sind keine Arbeitnehmer des Vereins. Das ist z.B. der Fall, wenn sich Vereinsmitglieder bei einer einmal im Jahr stattfindenden Vereinsfeier zu bestimmten Arbeiten zur Verfügung stellen.

BEISPIEL

Die Mitglieder helfen bei der Durchführung einer Leichtathletikmeisterschaft. Sie erhalten jeweils eine Vergütung in Höhe von 12 Euro. Diese Vergütung deckt offensichtlich nicht mehr als die entstandenen Fahrtkosten und Verpflegungsmehraufwendungen des Helfers, sodass kein Arbeitsverhältnis besteht.

In gleicher Weise begründet die unentgeltliche Ausübung eines Ehrenamtes (z.B. als Vereinsvorsitzender) kein Dienstverhältnis im steuerlichen Sinne, wenn diesen ehrenamtlich Tätigen nur die tatsächlich entstandenen Kosten ersetzt werden (z.B. Reisekosten, Porto, Telefongebühren). Wenn der Verein dagegen über den nachgewiesenen Aufwand hinaus Zahlungen an den Vorstand oder die Mitglieder leistet, liegt regelmäßig Arbeitslohn vor.

Arbeitnehmer sind beispielsweise:

- Geschäftsstellenmitarbeiter,
- Hausmeister,
- Platzwarte,
- Mitarbeiter einer Vereinsgaststätte (Service, Küche),
- Bedienungspersonal bei Vereinsfesten.

Regelmäßig **keine Arbeitnehmer** sind:

- Helfer bei Vereinsveranstaltungen, die nur gelegentlich tätig werden und nur Auslagenersatz oder Verzehrgeld erhalten,

- Vorstandsmitglieder, die nur eine Kostenerstattung in Höhe der nachgewiesenen Aufwendungen erhalten,
- Kampfrichter oder Schiedsrichter.

Sofern Sie **Übungsleiter** beschäftigen, wird bei einer nebenberuflichen Tätigkeit von nicht mehr als sechs Stunden wöchentlich wegen Geringfügigkeit auf die Anwendung der Arbeitnehmereigenschaft verzichtet.

ACHTUNG

Wenn der engagierte Trainer der Fußballmannschaft über die bezahlten Trainingsstunden hinaus die Mannschaft bei den Punktspielen betreut, ist er regelmäßig länger als sechs Stunden wöchentlich im Einsatz.

Entscheidend ist also nicht die Abrechnung von Übungsstunden, sondern der tatsächliche Einsatz.

Steuerbefreiungen für nebenberufliche Tätigkeiten

Übersteigen die für das Ehrenamt gezahlten Vergütungen oder als Aufwandsentschädigung bezeichneten Pauschalen die hierdurch veranlassten Aufwendungen nur unwesentlich bis zu 256 Euro im Jahr, bleibt die Vergütung unversteuert. Übersteigen die für die ehrenamtliche Tätigkeit gewährten Vergütungen dagegen die tatsächlichen Aufwendungen um mehr als 255,99 Euro, handelt es sich bei den Vergütungen in voller Höhe um ein steuerpflichtiges Einkommen.

Auf die steuerliche Zuordnung der Einnahmen kommt es jedoch nicht an, wenn die Einkünfte bestimmte Freibeträge nicht überschreiten. Im Einzelnen sind diese wie folgt definiert:

§ 3 Nr. 26 EStG befreit Einnahmen bis 3.000 Euro im Jahr für nachstehende nebenberufliche Tätigkeiten – Übungsleiterfreibetrag

Einnahmen für nebenberufliche Tätigkeiten

- als Übungsleiter, Ausbilder, Erzieher, Betreuer oder für eine vergleichbare nebenberufliche Tätigkeit,
- für nebenberufliche künstlerische Tätigkeiten oder
- für die nebenberufliche Pflege alter, kranker oder behinderter Menschen etc.

im Dienst oder im Auftrag eines steuerbegünstigten Vereins zur Förderung gemeinnütziger, mildtätiger oder kirchlicher Zwecke sind bis zur Höhe von insgesamt 3.000 Euro im Jahr steuerfrei.

ACHTUNG

Nur Zahlungen von gemeinnützigen Organisationen sind begünstigt. Es sind nur Zahlungen für Tätigkeiten im Ideellen Bereich oder im Zweckbetrieb steuerbefreit.

Der Freibetrag wird nur gewährt, wenn der Zeitumfang der begünstigten Tätigkeit nicht mehr als etwa 12 bis 14 Stunden wöchentlich im Durchschnitt beträgt. Der zeitliche Umfang darf, bezogen auf das Kalenderjahr, nicht mehr als ein Drittel der Arbeitszeit eines vergleichbaren Vollzeiterwerbs sein.

Da der Freibetrag dem Mitarbeiter auch bei Tätigkeiten in mehreren Vereinen insgesamt nur bis zu einem Jahresbetrag von 3.000 Euro zusteht – und Sie nicht wissen, ob der Mitarbeiter noch anderweitig den Freibetrag in Anspruch nimmt –, müssen Sie sich zur eigenen Absicherung jährlich eine Bestätigung des Mitarbeiters nach nachstehendem Muster geben lassen und diese zu den Personalakten nehmen.

MUSTER

Bestätigung zur Berücksichtigung der steuerfreien Vergütung nach § 3 Nr. 26 EStG

Ich erkläre hiermit, dass ich im laufenden Kalenderjahr 20__ die Steuerbefreiung nach § 3 Nr. 26 EStG dem Verein

( ) in Höhe von 3.000,00 Euro

( ) in Höhe von: ________ Euro

zuordne.

(Ort, Datum)

(Unterschrift)

Mit dieser Bestätigung des Beschäftigten können Sie einem Prüfer des Finanzamts oder der Sozialversicherung gegenüber belegen, dass die Vergütung steuerfrei – und damit auch sozialversicherungsfrei – ist und Abgaben nicht anfallen.

BEISPIEL

Der Platzwart des Vereins erhält monatlich eine pauschale Aufwandsentschädigung von 70 Euro. Dem Grunde nach wird die Tätigkeit als Platzwart im Rahmen eines nichtselbstständigen Arbeitsverhältnisses ausgeübt.

Da vorliegend eine Bestätigung nach § 3 Nr. 26a EStG abgegeben worden ist und die weiteren Voraussetzungen für die Inanspruchnahme des Freibetrags vorliegen, ergibt sich keine Abgabenpflicht.

§ 3 Nr. 26a EStG befreit Einnahmen bis 840 Euro im Jahr für nachstehende nebenberufliche Tätigkeiten – Ehrenamtspauschale

Wird eine Tätigkeit im Dienst oder im Auftrag eines steuerbegünstigten Vereins ausgeübt, erfüllt sie jedoch nicht die vorstehend genannten Voraussetzungen der Übungsleiterpauschale, sind die Einnahmen bis zu einer Höhe von 840 Euro im Jahr steuerfrei – man spricht in diesem Zusammenhang von der Ehrenamtspauschale.

Der Freibetrag von 840 Euro im Jahr ist nicht auf bestimmte Tätigkeiten beschränkt, vielmehr sind alle Tätigkeiten im gemeinnützigen Bereich steuerbegünstigt. Das können außer der Vorstandstätigkeit auch andere Tätigkeiten wie die eines Platzwarts, eines Gerätewarts, einer Geschäftsstelle, eines Ordners, eines Sanitäters oder eines Kampfrichters sein.

Eine Mitgliedschaft im Verein ist nicht erforderlich. Voraussetzung für den Freibetrag ist allein die Nebentätigkeit im steuerbegünstigten Bereich und auch hier die schriftliche Bestätigung, dass der Freibetrag dem Verein zugeordnet wird.

Der Verein als Arbeitgeber

Wenn ein Verein die anstehenden Tätigkeiten nicht mehr mit ehrenamtlich tätigen Mitarbeitern bewältigen kann, müssen bezahlte Kräfte engagiert werden. In diesem Fall gilt es jedoch einiges zu beachten. Denn Vereine, die zur Erfüllung der Vereinsaufgaben Arbeitnehmer beschäftigen, sind Arbeitgeber und unterliegen als solche den allgemeinen Bestimmungen des Arbeitsrechts, des Lohnsteuerrechts und des Sozialversicherungsrechts.

BEISPIEL

Die Mitgliederzahlen des Musikvereins Wunstorf e.V. steigen rasant. Das Angebot kommt an. Die Planung des Musikunterrichts, die Mitgliederverwaltung und die Teilnehmerverwaltung lassen sich ehrenamtlich nicht mehr bewältigen. Deshalb wird eine Geschäftsstelle mit regelmäßigen Öffnungszeiten eingerichtet und mit bezahlten Kräften besetzt.

Selbstständig oder Arbeitnehmer?

Am liebsten würden Vereine bzw. deren Vorstand ausschließlich Mitarbeiter mit dem Status der „Selbstständigkeit" beauftragen. Denn so würde man sich den ganzen Verwaltungskram sparen – wie Lohnabrechnungen erstellen, Arbeitnehmer bei der Krankenkasse anmelden und fällige Sozialversicherungsbeiträge und Lohnsteuern berechnen und abführen.

Aber nach dem „Wollen" geht es nicht, sondern nach den tatsächlichen Verhältnissen. Ein Mitarbeiter in der Geschäftsstelle hat zum Beispiel feste Arbeitszeiten, weil die Öffnungszeiten eingehalten werden müssen. Er ist Ansprechpartner für die Mitglieder und Kursteilnehmer – kurz: Er ist eingebunden in die Vereinsorganisation und somit Arbeitnehmer mit allen sich daraus ergebenden rechtlichen Konsequenzen.

Der Begriff des Arbeitnehmers ist von der Rechtsprechung anhand von Merkmalen entwickelt worden. Bei Unklarheiten die Arbeitnehmereigenschaft betreffend sind die nachstehenden Kriterien im Rahmen einer Gesamtbeurteilung zu werten:

- Weisungsgebundenheit hinsichtlich Ort, Zeit und Inhalt der Tätigkeit,
- vorgegebene Arbeitszeiten,
- feste Bezüge,

- Urlaubsanspruch,
- Fortzahlung der Bezüge im Krankheitsfall,
- Gewährung von sonstigen Sozialleistungen,
- keine Pflicht zur Beschaffung von Arbeitsmitteln,
- organisatorische Einbindung (Telefonverzeichnis, Arbeitszimmer, Mitgliederzeitschrift),
- Vorgesetzter bzw. Arbeitseinteilung für andere Vereinsmitarbeiter.

Will man sich nicht mit der Frage auseinandersetzen, ob nun ein Dienstverhältnis vorliegt oder nicht, kann man Tätigkeiten wie den Betrieb einer Vereins-Geschäftsstelle auch „auslagern" und eine selbstständige Unternehmensagentur beauftragen. Wenn die beauftragte Agentur selbst Mitarbeiter beschäftigt, ist sie Arbeitgeber dieser Mitarbeiter und die Bürokratie wird dorthin verlagert. Das wirtschaftliche Risiko und der Verwaltungsaufwand werden dem Verein in Rechnung gestellt. Hier gilt es, die Vor- und Nachteile einer Ausgliederung sorgfältig abzuwägen.

Soziale Absicherung der Arbeitnehmer

Von den Sozialversicherungsprüfern der Deutschen Rentenversicherung wird bei der Zahlung von Vergütungen regelmäßig ein sozialversicherungspflichtiges Arbeitsverhältnis angenommen. Dieses entspricht den gesetzlichen und sozialen Regelungen des Sozialgesetzbuches. In der Regel liegt also zwischen Vereinen und ihren Mitarbeitern ein Anstellungsverhältnis vor. Dabei sind vor allem folgende Schutzvorschriften für Arbeitnehmer zu beachten:

- Gehaltsfortzahlung im Krankheitsfall,
- Gewährung von Urlaub mit Gehaltsfortzahlung,
- steuerfreie Arbeitgeberanteile zur Sozialversicherung,
- Haftungsübernahme durch den Verein bei unverschuldeten Haftungsfällen,
- Leistungen der Berufsgenossenschaft als gesetzliche Unfallversicherung bei Arbeitsunfällen.

Die soziale Absicherung der Mitarbeiter liegt auch im Interesse des Vereins, denn im Schadensfall steht dieser in der Verantwortung!

Risiken bei freien Mitarbeiter-Verhältnissen

Selbstständige Mitarbeiter sind für die Fragen der sozialen Absicherung selbst verantwortlich. Doch ist hier Vorsicht geboten: Auch wenn sich Verein und Mitarbeiter einig sind über den Status und die Abrechnung als freier Mitarbeiter, besteht für den Verein das ständige Risiko, dass im Falle eines Schadens oder einer Kündigung des Mitarbeiters dieser behauptet, dass tatsächlich eine abhängige Beschäftigung vorgelegen habe.

Im Zuge der Prüfung durch die Sozialversicherung und durch das Finanzamt wird dann geprüft, welchen Inhalt die jeweilige Tätigkeit hatte, und gegebenenfalls eine Arbeitnehmertätigkeit festgestellt. Die von den Vertragsparteien gewählte Bezeichnung des Vertrags hat hier keine Bedeutung.

Den Verein treffen bei einer nachträglichen Statusfeststellung durch eine Prüfung der Deutschen Rentenversicherung Nachzahlungen an Sozialversicherungsbeiträgen für die Dauer der bisherigen Beschäftigungszeit und gegebenenfalls eine Haftung für nicht gezahlte Lohnsteuern.

TIPP

Stellen Sie über die Deutsche Rentenversicherung oder die Krankenkasse des Beschäftigten eine Statusanfrage. So erhalten Sie Rechtssicherheit für die Gestaltung des Beschäftigungsverhältnisses.

Die soziale Absicherung stellt eine Fürsorge gegenüber dem Beschäftigten dar, und die Gestaltung als Arbeitsverhältnis gibt beiden Vertragsparteien Schutz vor unangenehmen Prüfungsüberraschungen.

Geringfügige Beschäftigung

Wenn die monatliche Vergütung den Betrag von 450 Euro im Monatsdurchschnitt nicht übersteigt, kann die Beschäftigung als Mini-Job abgerechnet werden. Die vorstehend genannten Freibeträge für Übungsleiter und für ehrenamtliche Tätigkeiten dürfen berücksichtigt werden, sie erhöhen also den Höchstbetrag von 450 Euro. Personen, die über den Freibetrag hinaus nicht mehr als 450 Euro im Monatsdurchschnitt verdienen, sind immer als Mini-

Jobs abzurechnen, auch wenn sie als „Selbstständige" geführt werden. Sofern der Arbeitnehmer eine sozialversicherungspflichtige Hauptbeschäftigung hat, darf er daneben nur ein Mini-Job-Arbeitsverhältnis haben.

BEISPIEL

Julia ist Verkäuferin im Supermarkt. Abends reinigt sie die Räume der Musikschule und erhält dafür eine Vergütung von monatlich 200 Euro.

Für ein Mini-Job-Arbeitsverhältnis zahlt der Verein pauschale Abgaben (Lohnsteuer und Sozialversicherung) von rund 30 % zusätzlich zum Gehalt, die Anmeldung ist bei der Bundesknappschaft (www.minijob-zentrale.de) vorzunehmen. Der geringfügig Beschäftigte ist mit seiner Vergütung rentenversicherungspflichtig. Von der Rentenversicherungspflicht kann er sich durch schriftliche Mitteilung gegenüber dem Verein befreien lassen. Der Verein übernimmt von dem Rentenversicherungsbeitrag einen Anteil von 15 %, der Arbeitnehmer den Unterschiedsbetrag zu 18,6 % vom Verdienst.

TIPP

Bei der Bundesknappschaft (www.minijob-zentrale.de) können Sie einen Fragebogen zur Person des Beschäftigten herunterladen und sich über die Einzelheiten der abzuführenden Beiträge und die Form der Meldungen informieren.

Mindestlohn

Auch Vereine sind verpflichtet, die Regelungen des Mindestlohngesetzes für Zahlungen an Arbeitnehmer einzuhalten. Danach besteht ein Anspruch auf Zahlung eines Arbeitsentgelts, das mindestens 9,60 Euro und ab dem 1.1.2022 bis zum 30.6.2022 9,82 Euro je Zeitstunde beträgt. Ab dem 1.7.2022 erhöht sich der Mindestlohn auf 10,45 Euro. Höhere Mindestvergütungen nach Tarifverträgen oder Vorgaben von Zuschussgebern sind zu beachten. Der Mindestlohn gilt nur für Arbeitnehmer, dazu zählen auch

Teilzeit- und geringfügig Beschäftigte. Anzurechnen auf den Mindestlohn sind nur ausbezahlte Vergütungen bis zum Ende des Folgemonats. Eine Ausnahme gilt für Arbeitszeitkonten, bei denen eine im Voraus geschlossene Vereinbarung mit Festlegung der durchschnittlichen vertraglichen Arbeitszeit vorliegt. Hier ist eine Stundenansammlung bis maximal 50 % der vertraglichen Zeit zulässig, wenn ein Ausgleich innerhalb von zwölf Monaten erfolgt.

Dokumentationspflichten

Bei geringfügig Beschäftigten (Mini-Jobs) müssen der Beginn, das Ende und die Dauer der täglichen Arbeitszeit zeitnah, innerhalb von sieben Tagen, aufgezeichnet werden. Diese Dokumente müssen zwei Jahre aufbewahrt werden, um sie bei einer Kontrolle vorlegen zu können.

Ehrenamtliche Tätigkeiten

Vergütungen an ehrenamtlich tätige Mitarbeiter unterliegen nicht der Pflicht auf Zahlung eines Mindestentgelts. Nicht geklärt und geregelt ist die Grenze einer ehrenamtlichen Tätigkeit. Allgemein werden Mitarbeiter genannt, deren Tätigkeit Ausdruck einer inneren Haltung gegenüber Belangen des Gemeinwohls sowie den Sorgen und Nöten anderer Menschen ist, die nicht der Sicherung oder Besserung der wirtschaftlichen Existenz dient.

Da diese Festlegung sehr vage und bei rechtlichen Auseinandersetzungen kaum justiziabel ist, empfehlen wir, ehrenamtliche Tätigkeiten im Verein nicht auf Stundenbasis abzurechnen, sondern besser den Inhalt der Tätigkeit global zu beschreiben. Die Vergütung sollte die steuerfreien Bezüge für Übungsleiter (3.000 Euro im Jahr) bzw. für andere ehrenamtliche Tätigkeiten (840 Euro im Jahr) nicht überschreiten. Bei höheren Vergütungen (z.B. Mini-Job) an Arbeitnehmer ist der Mindestlohn einzuhalten.

Lohnsteuer- und Sozialversicherungspflichten des Arbeitgebers

Ist eine Tätigkeit für den Verein als nichtselbständiges Dienstverhältnis anzusehen und kommt eine Steuerbefreiung der Einnahmen (z.B. Übungsleiterpauschale) nicht in Betracht, hat der Verein die Pflicht, den Steuerabzug vom

Arbeitslohn vorzunehmen und die einbehaltene Lohnsteuer, eventuell den Solidaritätszuschlag und Kirchensteuer an das Finanzamt abzuführen.

Der Verein kann mit seinen Arbeitnehmern nicht vereinbaren, dass diese ihre lohnsteuerlichen Verpflichtungen mit dem Finanzamt selbst regeln.

Lohnkonto

Der Verein hat für jeden Arbeitnehmer ein Lohnkonto zu führen. Dort sind unter anderem aufzuzeichnen:

- die Art und Höhe des Arbeitslohns (lohnsteuer- und sozialversicherungspflichtige Vergütungen),
- der Zeitpunkt der Auszahlung,
- die lohnsteuerfreien Zahlungen (Reisekostenersatz),
- geldwerte Vorteile,
- Sachbezüge (z.B. Wohnung und Verpflegung).

Die **Abrechnungsverfahren** bei der Lohnsteuer und bei der Sozialversicherung unterscheiden sich. Die Lohnsteuer muss bei jeder Lohn- oder Gehaltszahlung einbehalten werden. Die Sozialversicherungsbeiträge entstehen nicht erst – wie bei der Lohnsteuer – mit der Auszahlung der Vergütung, sondern bereits sechs Werktage vor dem Monatsende in Höhe des Vergütungsanspruchs, unabhängig vom Zeitpunkt der Auszahlung.

Die **Lohnsteuer** wird entweder im Rahmen des Mini-Job-Verfahrens (Vergütung bis 450 Euro) in pauschaler Form an die Bundesknappschaft abgeführt oder bei höheren Vergütungen nach Maßgabe der Lohnsteuer-Merkmale des Arbeitnehmers errechnet. In der **Elstam-Datenbank** der Finanzverwaltung sind dessen Lohnsteuerdaten gespeichert. Diese können vom Verein abgerufen werden. Die Meldung der Lohnsteuer, des Solidaritätszuschlags und gegebenenfalls der Kirchensteuer an das Finanzamt erfolgt elektronisch über das Internet im Rahmen der Abrechnung über ein kommerzielles Lohnabrechnungsprogramm oder über das kostenlose Programm **Elster** der Finanzverwaltung, welches unter www.elster.de heruntergeladen und installiert werden kann. Mit diesem Programm hat der Verein auch Zugang zur Elstam-Datenbank.

Die Beiträge zur **Sozialversicherung** werden an die Krankenkasse des Mitarbeiters abgeführt. Die elektronisch zu übermittelnden An- und Abmeldungen der Beschäftigten und die monatlichen Beitragsnachweisungen erfolgen über ein Lohnabrechnungsprogramm oder über das kostenlose Programm **sv.net**, welches von der Internetseite jeder gesetzlichen Krankenkasse heruntergeladen und installiert werden kann.

Die Sozialversicherung umfasst folgende Beitragsarten:

- Krankenversicherung,
- Pflegeversicherung,
- Rentenversicherung,
- Arbeitslosenversicherung,
- Berufsgenossenschaft (Unfallversicherung),
- Umlage für Entgeltfortzahlung im Krankheitsfall,
- Umlage für Erstattungen nach dem Mutterschutzgesetz,
- Umlage der Insolvenzausfallversicherung.

Nach Ablauf eines Jahres oder bei Beendigung der Beschäftigung müssen die für die Einkommensteuererklärung des Beschäftigten relevanten Angaben (Vergütung, Steuerabzüge etc.) an die Datenbank Elstam übermittelt werden. Entsprechend muss über sv.net für jeden Beschäftigten die Summe seiner abgerechneten Vergütungen an die jeweilige Krankenkasse gemeldet werden. Die Meldungen sind auch für geringfügig Beschäftigte (Mini-Job) zu erstellen, für diesen Personenkreis sind jedoch keine Lohnsteuerdaten zu übermitteln.

Kapitel 6:

Wie wird die Vereinsarbeit finanziert?

Ihre Vereinsziele können Sie nur auf einer gesunden finanziellen Basis erreichen. Die einzelnen Finanzierungsmöglichkeiten für Vereine stellen wir Ihnen in diesem Kapitel vor.

Eng verbunden mit der Vereinsgründung und der Vereinsarbeit ist die Frage nach deren Finanzierung. Denn nicht nur die einzelnen Aktivitäten zur Erfüllung der satzungsmäßigen Zwecke, sondern auch die Verwaltung des Vereins kosten Geld. So fallen unter anderem Porto-, Fahrt-, Werbungs- und Veranstaltungskosten an, die es zu finanzieren gilt.

Dabei gibt es viele Möglichkeiten – beginnend bei Mitgliedsbeiträgen über die Einnahmen aus Veranstaltungen bis hin zu Spenden und Sponsoringerträgen. Der weit verbreitete Glaube, ein gemeinnütziger Verein dürfe keine Überschüsse erwirtschaften, trifft nicht zu. Auch die sich hartnäckig haltende Meinung, bei vielen Einnahmen aus wirtschaftlichen Betätigungen gefährde der Verein seine Gemeinnützigkeit, ist nicht richtig. Ein Verein kann sich sogar zu 100 Prozent aus Einnahmen aus steuerpflichtigen wirtschaftlichen Geschäftsbetrieben finanzieren, wenn er diese Mittel für den Satzungszweck einsetzt. Nicht die Mittelherkunft ist entscheidend, sondern die Mittelverwendung (vgl. dazu AEAO zu § 56 AO).

Wenn der Verein sich überwiegend aus wirtschaftlichen Betätigungen (z.B. Verkauf, kommerzielle Veranstaltungen) finanziert, bestand bislang allerdings die Gefahr, dass das Registergericht den Verein als wirtschaftlichen Verein einstufte. Wirtschaftliche Vereine dürfen nicht in das Vereinsregister eingetragen und müssen gelöscht werden. Mittlerweile hat aber der Bundesgerichtshof klargestellt, dass der Verein nicht in erster Linie wirtschaftliche Zwecke verfolgt, wenn er als gemeinnützig anerkannt wurde und die eingeworbenen Mittel für die Verfolgung gemeinnütziger Zwecke eingesetzt werden.

Mitgliedsbeiträge

Zuallererst müssen die internen Quellen erschlossen werden. Es ist eine Selbstverständlichkeit, dass die Mitglieder einen Beitrag zahlen. Durch die Beiträge sollte die Finanzierung des Vereins sichergestellt sein.

Die Beitragspflicht muss in der Satzung geregelt sein. Die Höhe der Mitgliedsbeiträge muss schon auf der Gründungsversammlung bestimmt werden. Dabei können unterschiedliche Aspekte Berücksichtigung finden. So etwa soziale Gesichtspunkte: Sollen z.B. Jugendliche, Auszubildende, Familien oder Rentner geringere Beiträge bezahlen? Insbesondere die Beiträge der Jugendlichen sollten gut überlegt sein.

Unproblematisch ist die Festlegung einer Altersgrenze. In der Satzung könnte dies folgendermaßen geregelt werden:

BEISPIEL

Als Jugendliche gelten Mitglieder bis zum vollendeten 18. Lebensjahr. Sie zahlen einen um 50 Prozent ermäßigten Beitrag.

Wenn auch der Schulbesuch, das Universitätsstudium oder die Berufsausbildung begünstigt werden sollen, muss in der Beitragsordnung festgelegt werden, in welcher Form und mit welchen Fristen der Jugendliche die Ermäßigungsgründe belegen soll.

Eine weitere mögliche Unterscheidung ist jene in passive und aktive Mitglieder. Dies ist zumindest dann überlegenswert, wenn der Vereinszweck das Freizeitverhalten der Mitglieder begünstigt (z.B. Sport, Orchester).

TIPP

Damit die Mitgliedsbeiträge flexibel an die äußeren Umstände und den aktuellen Finanzbedarf angepasst werden können, sollte die Satzung nur die Bestimmung enthalten, dass Mitgliedsbeiträge erhoben werden. Weitere Einzelheiten zu Höhe, Fälligkeit und Form der Erhebung (z.B. Lastschriftverfahren) können in einer Beitragsordnung geregelt werden.

Außerdem kann der Vorstand auch ermächtigt werden, im Einzelfall aus sozialen Gründen Beiträge zu erlassen oder zu ermäßigen. Die entsprechende Satzungsregelung könnte wie folgt lauten:

MUSTER

Satzungsregelung zu Mitgliedsbeiträgen

Der Verein erhebt Mitgliedsbeiträge.

Die Höhe und Fälligkeit der Mitgliedsbeiträge wird von der Mitgliederversammlung mit einfacher Mehrheit beschlossen. Näheres regelt die Beitragsordnung. Der Vorstand ist berechtigt, in begründeten Einzelfällen Beitragspflichten ganz oder teilweise zu erlassen oder zu stunden.

(Zur steuerlichen Absetzbarkeit von Mitgliedsbeiträgen siehe weiter unten.)

Umlagen

Im Unterschied zu wiederkehrenden Mitgliedsbeiträgen, die der Deckung der laufenden Kosten des Vereins dienen, wird mit einer Umlage ein außergewöhnlicher Finanzbedarf abgedeckt, der nicht vorhersehbar war und der mit den regelmäßigen Beiträgen nicht erfüllt werden kann. Infrage kommen die Abdeckung von Vereinsschulden oder die Finanzierung von kostenintensiven Renovierungen, Modernisierungen oder erforderlichen Neubauten.

Bei den Umlagen handelt es sich um:

- ➜ zweckgebundene Investitionsumlagen (z.B. für den Bau eines Vereinsheims),
- ➜ Beiträge zum Ausgleich bestimmter Leistungen (Platzgebühr),
- ➜ Beiträge zur Deckung außergewöhnlicher Aufwendungen oder zur Abdeckung von Verlusten.

Für die Erhebung einer Umlage ist grundsätzlich eine Ermächtigung in der Satzung erforderlich. Die Satzung muss zudem eine Obergrenze festlegen und bestimmen, welches Gremium die Umlage festsetzt.

MUSTER

Satzungsregelung zur Erhebung von Umlagen

Die Mitgliederversammlung kann Umlagen beschließen, wenn ein außerordentlicher Finanzbedarf vorliegt. Die Höhe der Umlage darf nicht mehr als das Doppelte des Jahresbeitrags ausmachen. Über die Fälligkeit der Umlage und die Möglichkeit zur Ratenzahlung entscheidet der Vorstand.

Umlagen können auch genutzt werden, um nur diejenigen Mitglieder mit Kosten zu belasten, die Sonderkosten verursachen.

BEISPIEL

Der Tennisclub unterhält mehrere Tennisplätze zur freien Nutzung der Mitglieder. Im Winter werden in einer Halle Plätze vom Verein angemietet, um das Jugendtraining durchzuführen. Ein Teil der Miete wird vom Verein getragen. Die verbleibenden Kosten werden auf die Trainingsteilnehmer umgelegt.

Zuschüsse

Je nach Satzungszweck kann die Finanzierung des Vereins über Zuschüsse erfolgen. Zuschüsse sind von öffentlichen Stellen gewährte finanzielle Unterstützungen.

Städte und Gemeinden zahlen häufig Zuschüsse für bestimmte Leistungen oder Projekte, zum Beispiel für:

- kulturelle Leistungen (z.B. Theateraufführungen oder Konzerte),
- Sport- und Bewegungsangebote für Jugendliche,
- die Durchführung von Feriencamps,
- Heimatpflege und Ortsverschönerung,
- soziale Projekte,
- Projekte zur Förderung der Integration für Flüchtlinge.

Darüber hinaus gibt es Fördertöpfe auf Landes- und Bundesebene, und auch die Europäische Union hat eine Vielzahl von Förderprogrammen aufgelegt. Häufig sollen mit diesen Programmen bestimmte Vereinszwecke allgemein oder aus strukturpolitischen, volkswirtschaftlichen oder allgemeinpolitischen Gründen gefördert werden. Teilweise müssen in der Satzung des Vereins bestimmte Voraussetzungen geschaffen werden, um Zuschüsse für bestimmte Bereiche zu erhalten (beispielsweise eine eigene Jugendabteilung). Es lohnt sich auf jeden Fall, bei der Kommune anzufragen, welche Fördergrundsätze dort konkret festgelegt wurden.

Häufig gibt es auch einmalige Zuschüsse für besondere Aktivitäten. Hier ein paar Beispiele:

- Durchführung einer Kunstausstellung,
- Ausrichtung einer überregionalen Meisterschaft im Sport,
- Sanierung oder Modernisierung von Vereinsanlagen,
- Vereinsjubiläum.

Spenden

Eine weitere Finanzierungsquelle stellen Spenden dar. Spenden werden von Unternehmen und Privatpersonen gewährt und sind freiwillige und unentgeltliche Ausgaben zur Förderung steuerbegünstigter Zwecke. Sie werden „der Sache wegen" gewährt, das heißt, der Spender erwartet und erhält keinen wirtschaftlichen Vorteil, die Spendenmotivation muss im Vordergrund stehen.

Im Gesetz wird der Begriff „Zuwendungen" verwendet, gemeint sind damit Mitgliedsbeiträge und Geld- sowie Sachspenden. Bestimmte Nutzungen wie die Nutzung eines privaten Pkws für Zwecke des Vereins oder bestimmte Leistungen wie z.B. der Arbeits- und Zeitaufwand von Mitgliedern für einen Verein können dagegen nicht Gegenstand einer Spende sein. Eine Ausnahme hierbei bilden sogenannte Aufwandsspenden (Näheres dazu weiter unten).

Die steuerliche Abzugsfähigkeit von Spenden

Auch wenn Spender keine wirtschaftlichen Vorteile erwarten dürfen, können sie die Spende doch steuerwirksam geltend machen, was – je nach persönlichem Steuersatz – zu einer Steuerersparnis von bis zu 45 % verhelfen kann.

Voraussetzung für die steuerliche Abzugsfähigkeit einer Spende beim Zahlenden ist:

- Sie muss freiwillig geleistet werden,
- es darf keine Gegenleistung (z.B. Unternehmenswerbung) durch den Verein erfolgen,
- der Spender muss wirtschaftlich belastet sein und
- der Verein muss die Spende für begünstigte Zwecke verwenden.

Wenn diese Voraussetzungen erfüllt sind, darf der Verein eine Zuwendungsbestätigung nach einem amtlich vorgegebenen Muster (www.bundesministerium.de) ausstellen, die es dem Spender ermöglicht, diese in seiner Steuererklärung steuermindernd abzusetzen. Bei Spenden bis 300 Euro genügt als Nachweis ein Bareinzahlungsbeleg oder die Buchungsbestätigung eines Kreditinstituts. Aus der Buchungsbestätigung müssen der Name und die Kontonummer oder ein sonstiges Identifizierungsmerkmal des Spenders und des Empfängers, der Betrag, der Buchungstag sowie die tatsächliche Durchführung der Zahlung ersichtlich sein.

Bei Spenden ist die Ausstellung einer Zuwendungsbestätigung erforderlich.

Im Folgenden finden Sie ein Muster der Zuwendungsbestätigung. Achtung: Der Verein muss jede einzelne Bestimmung sorgfältig beachten:

MUSTER

Aussteller (Bezeichnung und Anschrift der steuerbegünstigten Einrichtung)

Bestätigung über Geldzuwendungen/Mitgliedsbeitrag

im Sinne des § 10b des Einkommensteuergesetzes an eine der in § 5 Abs. 1 Nr. 9 des Körperschaftsteuergesetzes bezeichneten Körperschaften, Personenvereinigungen oder Vermögensmassen

Name und Anschrift des Zuwendenden:

....

Betrag der Zuwendung in Ziffern – in Buchstaben — Tag der Zuwendung

.... — ....

Es handelt sich um den Verzicht auf Erstattung von Aufwendungen: Ja/Nein

Wir sind wegen Förderung (Angabe des begünstigten Zwecks/der begünstigten Zwecke):

....

nach dem Freistellungsbescheid/nach der Anlage zum Körperschaftsteuerbescheid des Finanzamts .... StNr. ....
vom .... für den letzten Veranlagungszeitraum .... nach § 5 Abs. 1 Nr. 9 des Körperschaftsteuergesetzes von der Körperschaftsteuer und nach § 3 Nr. 6 des Gewerbesteuergesetzes von der Gewerbesteuer befreit.

Nur bei Neugründungen:

Die Einhaltung der satzungsmäßigen Voraussetzungen nach den §§ 51, 59, 60 und 61 AO wurde vom Finanzamt .... StNr. .... mit Bescheid vom .... nach § 60a AO gesondert festgestellt.

Wir fördern nach unserer Satzung (Angabe des begünstigten Zwecks/der begünstigten Zwecke) ....

Nur für steuerbegünstigte Einrichtungen, bei denen die Mitgliedsbeiträge steuerlich nicht abziehbar sind:

Es wird bestätigt, dass die Zuwendung nur zur Förderung (Angabe des begünstigten Zwecks)

.... verwendet wird.

....

Ort, Datum und Unterschrift des Zuwendungsempfängers.

Hinweis:

Wer vorsätzlich oder grob fahrlässig eine unrichtige Zuwendungsbestätigung erstellt oder wer veranlasst, dass Zuwendungen nicht zu den in der Zuwendungsbestätigung angegebenen steuerbegünstigten Zwecken verwendet werden, haftet für die entgangene Steuer (§ 10b Abs. 4 EStG, § 9 Abs. 3 KStG, § 9 Nr. 5 GewStG).

Diese Bestätigung wird nicht als Nachweis für die steuerliche Berücksichtigung der Zuwendung anerkannt, wenn das Datum des Freistellungsbescheides länger als fünf Jahre bzw. das Datum der Feststellung der Einhaltung der satzungsmäßigen Voraussetzungen nach § 60a Abs. 1 AO länger als drei Jahre seit Ausstellung des Bescheides zurückliegt (§ 63 Abs. 5 AO).

Sie müssen auch die Hinweise bei **Sachspenden** sorgfältig beachten. Insbesondere die Frage zur Höhe der Sachspende muss bei Spenden aus dem Privatvermögen durch geeignete Unterlagen nachgewiesen werden.

MUSTER

Name und Anschrift des ausstellenden Vereins

Bestätigung über Sachzuwendungen

im Sinne des § 10b des Einkommensteuergesetzes an einer der in § 5 Abs. 1 Nr. 9 des Körperschaftsteuergesetzes bezeichneten Körperschaft

Name und Anschrift des Zuwendenden:

....

Wert der Zuwendung in Ziffern – in Buchstaben .... Tag der Zuwendung ....

Die Sachzuwendung stammt nach den Angaben des Zuwendenden aus dem Betriebsvermögen. Die Zuwendung wurde mit dem Entnahmewert (ggfs mit dem niedrigeren gemeinen Wert) bewertet.

Die Sachzuwendung stammt nach den Angaben des Zuwendenden aus dem Privatvermögen.

Der Zuwendende hat trotz Aufforderung keine Angaben zur Herkunft der Sachzuwendung gemacht.

Geeignete Unterlagen, die zur Wertermittlung gedient haben, z.B. Rechnung Gutachten, liegen vor.

Wir sind nach dem Freistellungsbescheid bzw. nach der Anlage zum Körperschaftsteuerbescheid des Finanzamts .... Steuer-Nr. .... vom .... für den letzten Veranlagungszeitraum .... nach § 5 Abs. 1 Nr. 9 des Körperschaftsteuergesetzes von der Körperschaftsteuer und nach § 3 Nr. 6 des Gewerbesteuergesetzes von der Gewerbesteuer befreit.

Nur bei Neugründungen:

Die Einhaltung der satzungsmäßigen Voraussetzungen nach den §§ 51, 59, 60 und 61 AO wurde vom Finanzamt .... Steuernummer .... mit Bescheid vom .... nach § 60a AO gesondert festgestellt.

Es wird bestätigt, dass die Zuwendung nur zur Förderung (Angabe des begünstigten Zwecks) .... verwendet wird.

....

Ort, Datum und Unterschrift des Zuwendungsempfängers.

Hinweis:
Wer vorsätzlich oder grob fahrlässig eine unrichtige Zuwendungsbestätigung erstellt oder wer veranlasst, dass Zuwendungen nicht zu den in der Zuwendungsbestätigung angegebenen steuerbegünstigten Zwecken verwendet werden, haftet für die entgangene Steuer (§ 10b Abs. 4 EStG, § 9 Abs. 3 KStG, § 9 Nr. 5 GewStG).
Diese Bestätigung wird nicht als Nachweis für die steuerliche Berücksichtigung der Zuwendung anerkannt, wenn das Datum des Freistellungsbescheides länger als fünf Jahre bzw. das Datum der Feststellung der Einhaltung der satzungsmäßigen Voraussetzungen nach § 60a Abs. 1 AO länger als drei Jahre seit Ausstellung des Bescheides zurückliegt (§ 63 Abs. 5 AO).

Wann sind Mitgliedsbeiträge steuerlich wie Spenden abzugsfähig?

Mitgliedsbeiträge sind grundsätzlich wie Spenden steuerbegünstigt. Dabei werden Umlagen und Aufnahmegebühren ebenso wie Mitgliedsbeiträge behandelt.

Die Steuerbegünstigung ist jedoch ausgeschlossen, wenn der Verein folgende Zwecke („Freizeitgestaltung") fördert. Zu diesen Zwecken zählen:

- Sport,
- kulturelle Betätigungen, die vordergründig der Freizeitgestaltung dienen (z.B. Gesangsvereine),
- Heimatpflege und Heimatkunde,
- Tierzucht,
- Pflanzenzucht,
- Kleingärtnerei,
- traditionelles Brauchtum, dazu zählen auch Karneval, Fastnacht und Fasching,
- Soldaten- und Reservistenbetreuung,
- Amateurfunken,
- Modellflug,
- Hundesport.

Ob die Mitgliedsbeiträge bei Ihrem Verein als Spenden abzugsfähig sind, finden Sie auf dem Freistellungsbescheid oder auf dem Feststellungsbescheid gemäß § 60a Abgabenordnung vermerkt (Bescheide zur Bestätigung der Gemeinnützigkeit).

Aufwandsspenden

Gegenstand einer Spende können, wie oben bereits erläutert, grundsätzlich nur Geld- oder Sachwerte sein. Eine Ausnahme bilden Aufwandsspenden. Im Vereinsbereich werden kleinere Tätigkeiten häufig ehrenamtlich erledigt. Gleichermaßen werden häufig Fahrtkosten oder kleinere Auslagen nicht mit dem Verein abgerechnet. Sie werden dem Verein „geschenkt" und können als Aufwandsspenden steuerlich abgesetzt werden, wenn bestimmte Bedingungen eingehalten werden.

Unter der Voraussetzung, dass der Verein über ausreichende Mittel verfügt, kann der Vorstand mit den für den Verein tätigen Mitgliedern vereinbaren, dass sie angemessene Vergütungen erhalten und dass ihre getätigten Aufwendungen (Fahrtkosten, Auslagen) nach Abrechnung ausbezahlt werden. Die Vergütungen müssen stundenweise oder nach Art der Tätigkeit nachgewiesen werden. Der Verein muss überdies finanziell in der Lage sein, bei Fälligkeit die Abrechnung auszuzahlen. Laut einem Schreiben des BMF ist eine Verzichtserklärung dann noch zeitnah, wenn bei einmaligen Ansprüchen innerhalb von drei Monaten und bei Ansprüchen aus einer regelmäßigen monatlichen Tätigkeit innerhalb eines Jahres nach Fälligkeit des Anspruchs der Verzicht erklärt wird.

Wenn im Zeitpunkt der Abrechnung – nicht früher – auf die Auszahlung verzichtet wird, liegt eine Aufwandsspende vor. Mit dem Formular „Geldspenden" darf eine Zuwendungsbestätigung ausgestellt werden.

Auf Seiten des Spenders handelt es sich um einen Verzicht auf die Bezahlung von Forderungen gegenüber dem Verein. Das sind Rechnungen oder Abrechnungen über gelieferte Waren oder ausgeführte Dienstleistungen. Der Verein könnte die jeweiligen Beträge auch auszahlen und der Empfänger könnte sie als Spende zurückzahlen. Zur Abkürzung des Zahlungsweges ist es ausreichend, wenn der Zahlungsempfänger bei Fälligkeit auf die Auszahlung verzichtet und um die Ausstellung einer Zuwendungsbestätigung bittet. Der Verein nutzt das Formular für Geldspenden und vermerkt, dass es sich um eine Aufwandsspende handelt. Der Verzicht ist jedoch frühestens nach Erbringung der Leistung zulässig!

CHECKLISTE

Aufwandsspenden

- ☐ Es muss ein einklagbarer Vergütungsanspruch bestehen. Dieser Anspruch kann sich aus der Satzung oder einem Vertrag ergeben.
- ☐ Der Anspruch muss im Voraus (möglichst schriftlich) und insbesondere
  - nicht unter der Bedingung des Verzichts
  - bei wirtschaftlicher Leistungsfähigkeit des Vereins

  eingeräumt worden sein.
- ☐ Der Spender verzichtet frühestens bei Fälligkeit auf die Auszahlung.
- ☐ In der Zuwendungsbestätigung erfolgt ein Hinweis auf den Aufwandsverzicht.
- ☐ Der Verein macht Aufzeichnungen über den Tag und den bestätigten Wert der Zuwendung.

Aufzeichnungspflichten

Die Spendeneinnahmen und ihre zweckentsprechende Verwendung müssen ordnungsgemäß aufgezeichnet sowie ein Doppel der Zuwendungsbestätigung aufbewahrt werden. Bei Sachzuwendungen und beim Verzicht auf die Erstattung von Aufwand müssen sich aus den Aufzeichnungen auch die Grundlagen für den vom Verein bestätigten Wert der Zuwendung ergeben.

Spendenhaftung

Die Finanzverwaltung achtet sehr streng auf Manipulationen im Spendenbereich.

Wer vorsätzlich oder grob fahrlässig eine unrichtige Bestätigung ausstellt (Ausstellerhaftung) oder wer veranlasst, dass Zuwendungen nicht zu den in der Bestätigung angegebenen steuerbegünstigten Zwecken verwendet werden (Veranlasserhaftung), haftet für die entgangene Steuer. Diese ist mit 30 % des zugewendeten Betrags anzusetzen. Außerdem kann dem Verein die Gemeinnützigkeit aberkannt werden.

Diese Haftung soll dem Missbrauch von Zuwendungsbestätigungen entgegenwirken.

Veranstaltungen als entgeltliche Betätigungen

Mit der Durchführung von entgeltlichen Veranstaltungen verwirklicht der Verein in der Regel seinen Vereinszweck, Beispiele sind

- → Wettkampfveranstaltungen des Sportvereins,
- → Konzerte und Theateraufführungen eines Kulturvereins oder
- → Bildungsveranstaltungen.

Die Eintrittsgelder oder Teilnahmegebühren für derartige Veranstaltungen sind steuerbegünstigte Zweckbetriebe nach §§ 65, 66,67a und § 68 Abgabenordnung.

Darüber hinaus dienen Veranstaltungen der Darstellung der Vereinsziele in der Öffentlichkeit und fördern den Zusammenhalt der Mitglieder. Letztendlich sind sie auch eine wichtige Finanzierungsquelle des Vereins.

Steuerliche Besonderheiten

Die verschiedenen Sponsoringarten werden unterschiedlich steuerlich gewürdigt (vgl. Kapitel 8). Soweit die Einnahmen in Kursgebühren oder Teilnehmerentgelten bestehen, handelt es sich um Einnahmen im steuerbegünstigten Zweckbetrieb und diese unterliegen nicht der Umsatzsteuer. (Zur steuerlichen Behandlung siehe auch Kapitel 8.)

Die Einnahmen aus dem Verkauf von Speisen und Getränken und andere Erlöse aus der Durchführung von geselligen Veranstaltungen sind dem wirtschaftlichen Geschäftsbetrieb (Erklärung siehe Kapitel 8) zuzuordnen. Sofern die Kleinunternehmergrenze überschritten wird, sind 19 % Mehrwertsteuer – vermindert um die Vorsteuer aus zugehörigen Eingangsleistungen – zu bezahlen. (Siehe zur Umsatzsteuerbesteuerung auch Kapitel 8.)

Solange die Durchführung von wirtschaftlichen Veranstaltungen nur „nebenbei" betrieben wird, in der Hauptsache also die Satzungszwecke verfolgt werden, liegt keine Gefährdung der Gemeinnützigkeit vor.

Formulieren Sie in einem Sponsoringvertrag ganz konkret die Leistung und die Gegenleistung des Sponsors und des Gesponserten mit Angabe des nominellen Wertes in Euro (steuerliche Bemessungsgrundlage). Beachten Sie dabei die Angaben brutto oder netto im Sinne des UStG. Wenn ein Sponsor

Ihrem Verein eine Spende und zusätzlich einen Sponsoringbetrag für Werbeleistungen zahlen möchte, trennen Sie dies zur Nachvollziehbarkeit eindeutig im Vertrag.

HINWEIS

Beachten Sie, dass öffentliche Musikdarbietungen der Urheberrechtsabgabe der GEMA (Komponisten) unterliegen. Die Veranstaltungen müssen vorher angemeldet werden. Wenn dies versäumt wird, werden höhere Abgaben berechnet. Teilweise bestehen hier Rahmenvereinbarungen mit Verbänden. Wenn Künstler engagiert werden, können auch Künstlersozialabgaben anfallen.

Sponsoren

Sponsoring hat in den vergangenen Jahren eine rasante Entwicklung verzeichnet. Die Wirtschaft hat erkannt, dass die Verknüpfung von Produktwerbung und Vereinsaktivitäten Unternehmen eine breite Plattform bietet, sich in der Öffentlichkeit darzustellen.

Sponsoring ist ein Marketing- und Kommunikationsinstrument mit klar vereinbarten Leistungen des Vereins und des Sponsors. Es basiert konsequent auf dem Grundprinzip von Leistung und Gegenleistung:

- → Der Sponsor will eine Werbebotschaft verbreiten. Er will sein Markenzeichen und seinen Slogan kommunizieren, um damit deren Bekanntheitsgrad zu steigern und sein Image zu fördern.
- → Der Gesponserte erwartet für seine Aktivitäten vom Sponsor finanzielle oder materielle Gegenleistungen zur Förderung seiner Vereinsarbeit.

Bei der Auswahl von Unternehmen, die für ein Sponsoring geeignet sind, müssen Sie darauf achten, dass das fördernde Unternehmen in das Gesamtbild des Vereins passt. Beispielsweise ist bei einem Sportverein Werbung für Spirituosen, Zigaretten oder politische Parteien prinzipiell abzulehnen.

Kritisch zu beurteilen sind folgende Kriterien:

- → Akzeptanz der Mitglieder,
- → Image des Unternehmens,

- → Bedeutung des Unternehmens in der Region,
- → Akzeptanz der zu vereinbarenden Leistungspalette,
- → Höhe der Sponsorenerlöse,
- → persönliche Bindung zum Verein,
- → Langfristigkeit des Engagements.

Sponsoring von Veranstaltungen

Die größten finanziellen Mittel fließen in das Sponsoring von Veranstaltungen. In diesem Rahmen gibt es für den Sponsor eine breite Palette von Möglichkeiten der eigenen Präsentation.

Vereinsveranstaltungen können dem Sponsor ein interessantes Umfeld bieten, um ausgewählte Kunden, Lieferanten, Geschäftsfreunde und Politiker einzuladen. Die Möglichkeit, in zwangloser Atmosphäre ins Gespräch zu kommen, ist eine gesuchte Form der Kontaktpflege. So verschafft ein VIP-Bereich mit exklusivem Zugang den unterstützenden Unternehmen und ihren Kunden das Gefühl, etwas „Besonderes" zu sein, er vermittelt ein Gefühl der „Wichtigkeit". Für die Imagewerbung eines Unternehmens ist schließlich der Jugendbereich im Hinblick auf die Bindung des „Kunden von morgen" bedeutsam.

Sie müssen die Erwartungen Ihrer Sponsoren offen ansprechen und die Möglichkeiten der Realisation gemeinsam erarbeiten. Sie können dem Unternehmen aber auch deutlich machen, dass Ihre Vereinsziele zu einer Stärkung von dessen Image genutzt werden können. Dabei stehen folgende Aspekte im Vordergrund:

CHANCEN DES VERANSTALTUNGS-SPONSORINGS

- → den Bekanntheitsgrad einer Marke stabilisieren,
- → die Ansprache einer Zielgruppe in einem attraktiven Erlebnisumfeld,
- → ein Imagetransfer der Vereinsleistungen auf die Produkte und Leistungen des Unternehmens,
- → die Schaffung von Goodwill und Glaubwürdigkeit in bestimmten lokalen bzw. regionalen Bevölkerungsgruppen,
- → die Dokumentation einer gesellschaftlichen Verantwortung,
- → eine gute Kosten-Nutzen-Relation.

Vorbereitung

Im Zuge der Vorbereitung der Suche nach Sponsoren für eine Veranstaltung sollten Sie eine Mappe mit einem Veranstaltungskonzept erstellen. Die folgende Checkliste listet alle Informationen auf, die diese Mappe enthalten sollte:

CHECKLISTE

Notwendige Inhalte eines Konzepts zum Sponsoring einer Veranstaltung

- ☐ Vorstellung des Vereins,
- ☐ Ablauf der geplanten Veranstaltung,
- ☐ Bedeutung der Veranstaltung in der Region,
- ☐ vorhandene Medienkontakte,
- ☐ geplante vorbereitende Kommunikationsmaßnahmen,
- ☐ Finanzplan (Verwendungsplanung),
- ☐ Kontinuität der Veranstaltung (Pressemappe der Vorjahre),
- ☐ Einbindung der Veranstaltung in ein ganzjähriges Konzept,
- ☐ Möglichkeiten der Einbindung von Geschäftsfreunden (VIP),
- ☐ geplante Pressekontakte (Pressekonferenz, -informationen),
- ☐ Beteiligung weiterer Sponsoren,
- ☐ erwarteter Zuschauerzuspruch,
- ☐ Interesse der Medien (Social Media, Follower, Zeitung, Fernsehen, Rundfunk),
- ☐ Zustimmung bzw. Mitwirkung wichtiger Persönlichkeiten,
- ☐ Zielgruppe der Veranstaltung.

Organisation und Durchführung

Ein erfolgreiches Sponsoring setzt letzten Endes eine reibungslose Begleitung des Sponsors, seine gewünschte Einbindung und eine einwandfreie Durchführung der Veranstaltung voraus. Gleichermaßen muss die Ausrichtung der Veranstaltung ohne Pannen verlaufen und der Sponsor muss in diesem Rahmen seine Vorstellungen realisieren können.

Der Verein ist verantwortlich für den Einsatz geeigneter Mitarbeiter, die das benötigte Auftreten und die entsprechenden Kompetenzen haben und im benötigten zeitlichen Rahmen zur Verfügung stehen.

Kapitel 7:

Öffentlichkeitsarbeit im Verein - Wie gewinnt man Mitglieder und Sponsoren?

Voraussetzung für die Gewinnung neuer Vereinsmitglieder und Sponsoren ist eine gute Öffentlichkeitsarbeit. Die Kunst der guten Öffentlichkeitsarbeit besteht in der richtigen Dosierung des Informationsoutputs. So führen schlecht aufgemachte Newsletter zu einem negativen Image, wohingegen ein positiver Pressebericht viel Aufmerksamkeit erregen kann, die genutzt werden sollte. Es ist besonders wichtig, in der Außendarstellung des Vereins den Purpose (Sinn und Zweck) Ihrer Organisation klar und verständlich zu kommunizieren.

Bei der Öffentlichkeitsarbeit spielt nicht nur die Außenwirkung eine Rolle, sondern auch die Verbindung zu den eigenen Mitgliedern. Denn die eigenen Mitglieder sind die Stütze der Vereinsarbeit und die besten Kommunikatoren nach außen.

In diesem Kapitel finden Sie die wichtigsten öffentlichkeitswirksamen Kommunikationsmittel und Werbeträger.

Internetauftritt

Eine vereinseigene Website ist nicht nur ein wichtiges Kommunikationsmittel, sondern auch ein äußerst effektiver Werbeträger. Viele Menschen informieren sich im Internet über Freizeitmöglichkeiten etc., dies bietet dem Verein die Möglichkeit, auf sich aufmerksam zu machen.

Bei der Gestaltung der Website sollte Folgendes beachtet werden:

- Ihre Website sollte die Vision und das Leitbild Ihres Vereins vermitteln. Warum gibt es Ihren Verein?
- Eine Website muss immer aktuell sein! Nichts ist abschreckender als ein Hinweis auf eine „aktuelle“ Veranstaltung, die schon vor langer Zeit stattgefunden hat.
- Informieren Sie auf Ihrer Homepage über kommende Veranstaltungen oder Wettkämpfe mit dem genauen Datum und Veranstaltungsort. Laden Sie die Leserin, den Leser ein, vorbeizukommen und sich den Verein näher anzuschauen.
- Das Vereinsleben sollte mit Bildern und kurzen Texten illustriert werden. Veranstaltungsberichte und vielleicht Kommentare von Teilnehmern runden das Bild ab.
- Ein Diskussionsforum kann ebenfalls Interessierte anlocken.
- Verwenden Sie aussagekräftige Begriffe, die im Zusammenhang mit Ihrer Vereinstätigkeit stehen. So werden Sie durch Google & Co. gefunden.
- Auf der Homepage muss eine Möglichkeit zur Kontaktaufnahme vorhanden sein.
- Mit sehr wenigen Schritten sollte man auf einen „Spenden-Button“ gelangen, um Ihren Verein finanziell unterstützen zu können.

HINWEIS

Beachten Sie unbedingt die gesetzlichen Bestimmungen zum Impressum sowie die Urheber- und Datenschutzrechte, das Spamverbot und vieles mehr.

Lassen Sie sich beraten, wenn es um die Gestaltung und die Inhalte Ihres Internetauftritts geht. Eine amateurhafte Website wirkt eher abschreckend.

Social Media

Viele Vereine nutzen **Facebook** (www.facebook.de) für einen eigenen Auftritt. Diese Plattform stellt eine weitere Möglichkeit dar, neue Mitglieder und Unterstützer zu finden. Dort können auch Veranstaltungen des Vereins bekannt gemacht werden. Durch das Konzept des „Teilens“ bietet dieses Medium einen hohen Verbreitungsgrad.

Auch der Nachrichtenkanal **Twitter** (www.twitter.de) kann für Mitteilungen des Vereins gut genutzt werden. Hier werden Kurznachrichten mit einer maximalen Länge von 280 Zeichen an sog. *Follower* geschickt. Durch die Einbindung der Vereinshomepage können auch auf diesem Weg interessierte Menschen als neue Mitglieder gewonnen werden.

Von vielen Vereinen wird auch der Videokanal **YouTube** genutzt (www.youtube.de), um Videos aus dem Vereinsleben zu zeigen.

Um vor allem mit Bildern Werbung für Ihren Verein zu machen bzw. jüngere Menschen zu erreichen, bietet sich auch das soziale Netzwerk **Instagram** (instagram.com) an.

Werbematerialien

Entwerfen Sie Werbebroschüren, in denen Sie Ihren Verein vorstellen. Achten Sie dabei vor allem darauf, den „Mehrwert“ einer Mitgliedschaft oder eines möglichen Sponsorings deutlich zu machen.

Auch wirkt es professionell, wenn der Vorstand eigene Visitenkarten hat, um als Ansprechpartner präsent zu sein.

HINWEIS

Künstlersozialversicherung

Wenn Sie freie Mitarbeiterinnen und Mitarbeiter im Bereich der Kultur als Publizisten oder mit der Gestaltung Ihrer Homepage, von Werbeflyern oder einer Vereinszeitschrift beauftragen, müssen 4,2 % der Honorare an die Künstlersozialversicherung (www.kuenstlersozialkasse.de) abgeführt werden.

Informationsveranstaltungen

Nutzen Sie Bürger- oder Stadtteilfeste, um auf Ihren Verein aufmerksam zu machen. Ein eigener Informationsstand bietet die Möglichkeit, ins Gespräch zu kommen.

Je nachdem, welche Aktivitäten Ihr Verein bietet, kann auch eine Vorführung, beispielsweise eines Theatervereins, oder ein Schauwettkampf das Interesse wecken.

Formen der elektronischen Kommunikation

Eine gute Öffentlichkeitsarbeit setzt die Kenntnis und Beherrschung der elektronischen Medien voraus. Nutzen Sie die Möglichkeiten des Internets für Ihre Kommunikation und eine gute und erfolgreiche PR-Arbeit. Folgende Mittel bieten sich an:

- E-Mails,
- Intranet – das interne Kommunikationsnetz der Mitglieder,
- Pressemeldungen per Internet,
- Weblogs – Nachrichten aus dem Vereinsalltag,
- Kommunikation in sozialen Netzwerken wie Facebook, Twitter oder Instagram.

Beachten Sie jedoch: Internetleser bleiben nicht lange bei einer Nachricht. Viele User stehen unter dem Eindruck, sie würden etwas für sie Wichtiges verpassen. Sie sollten die Aufmachung und die Inhalte dieser Zielgruppe anpassen und deren Bedürfnissen gerecht werden. Vereinsmeldungen in den elektronischen Medien müssen daher kurz und spritzig sein: ein prägnanter, witziger Beginn gefolgt von knappen Fakten. Dabei sind Bilder besonders wichtig, sie sind Träger von Emotionen.

Öffentlichkeitsarbeit

Den Pressewart alter Prägung gibt es nicht mehr. Für eine erfolgreiche Öffentlichkeitsarbeit braucht es ein Team, das die Nutzung der digitalen Medien beherrscht. In jedem Vereinsbereich sollte ein Ansprechpartner, eine Ansprechpartnerin vorhanden sein, der oder die das „Social-Media-Team" über vergangene Aktivitäten und zukünftige Veranstaltungen informiert. Die Verantwortlichen für Öffentlichkeitsarbeit sollten auch die Zugriffsberechtigung auf die Website des Vereins organisieren und die Veröffentlichungen zeitnah vornehmen. Die versierte Nutzung digitaler Medien ist entscheidend für eine erfolgreiche Vereinsarbeit.

HINWEIS

Beachten Sie, dass auch die Finanzverwaltung die veröffentlichten Aktivitäten verfolgt und diese steuerlich würdigt. Es ist nicht selten, dass während der Veranlagung oder einer Betriebsprüfung dazu konkrete Nachfragen gestellt werden, zum Beispiel zur kommunizierten Übergabe eines Fahrzeugs an den Verein mit großem Werbeschriftzug (Sponsoring = steuerbarer Leistungsaustausch).

Tageszeitungen

Auch wenn die modernen Medien stärker werden und insbesondere das junge Publikum erreichen, ist die herkömmliche Presse – die Tageszeitung – immer noch eine wichtige Grundlage jeder Berichterstattung. Sie müssen daher Kontakt zu dem für Ihren Verein zuständigen Redakteur halten. Das kann die Sportredaktion, die Kulturredaktion oder allgemein die Lokalredaktion sein.

Sprechen Sie mit „Ihrer" Redakteurin ab, welche Informationen für sie interessant sind. Journalisten stehen immer unter Zeitdruck. Meldungen müssen daher regelmäßig kurz und knapp gehalten sein. Berichte mit kuriosen oder besonderen Begebenheiten ziehen immer und können den Aufhänger für einen Bericht über eine Vereinsveranstaltung bilden. Um professionell Pressearbeit betreiben zu können, empfiehlt es sich, ein Presseseminar zu besuchen, um den formalen Aufbau und die wichtigsten Aspekte von Zeitungsartikeln kennenzulernen.

Beliebt sind auch Fotos – jedoch keine Porträtfotos, sondern Actionfotos. Aber auch das Fotografieren will gelernt sein, daher ist es anfangs besser, erfahrene FotografInnen zu engagieren.

Schließlich müssen die von Ihnen aufgebauten Kontakte gepflegt werden. Durch die regelmäßige Zusendung von Material oder kurze Anrufe wissen Sie bald, was dem jeweiligen Journalisten wichtig ist. Sie müssen selbstverständlich vereinsintern organisieren, dass Sie auch von den Abteilungen oder Gruppen ständig auf dem Laufenden gehalten werden.

Fundraising

Fundraising heißt wörtlich „Geldbeschaffung". Unter Fundraising wird die planvolle Mittelgewinnung, zum Beispiel in Form von Spenden und Zuschüssen, für den Verein verstanden. Fundraising bedeutet aber nicht nur die unmittelbare Akquisition von Spenden. Auch die Teilnahme von Prominenten, Künstlern, Politikerinnen oder Vertretern von Institutionen oder Unternehmen an Veranstaltungen des Vereins wertet diese auf und macht das Anliegen des Vereins einer breiten Öffentlichkeit bekannt. Hier können Sie die vorstehend beschriebenen Pressekontakte optimal einsetzen.

Darunter kann aber auch die Gewinnung von ehrenamtlichen Mitarbeiterinnen und Mitarbeitern fallen, weil diese die Arbeit des Vereins maßgeblich verstärken. Die Gewinnung und das Halten von ehrenamtlichen (jungen) Mitarbeitern ist ein entscheidendes strategisches Element der Vereinsarbeit. Der „War for Talents" ist nicht nur in der Unternehmenswelt, sondern auch in den gemeinnützigen Organisationen ein essentielles Thema.

Digitales Fundraising bietet neue Chancen zur Erschließung von überregionalen Hilfen und zur Akquise finanzieller Mittel.

Crowdfunding

In den letzten Jahren hat das Crowdfunding, insbesondere das Reward-based Crowdfunding, als eine Form der Mittelbeschaffung für gemeinnützige Vereine sehr an Bedeutung gewonnen. Es handelt sich um eine „Schwarmfinanzierung" mithilfe einer Vielzahl von anonymen Unterstützerinnen und Unterstützern („Crowd") über Plattformen im Internet. Es gibt inzwischen professionelle Plattformen für verschiedene Projekte, etwa www.startnext.com oder www.fairplaid.org für Sportprojekte.

Der oder die Unterstützerin (Sponsor) des jeweiligen Projekts erhält je nach Höhe seines bzw. ihres finanziellen Beitrags eine (nichtmonetäre) Gegenleistung (Reward) als Anreiz und Orientierung. Die Rewards reichen von Danksagungen per Mail bei kleinen Beträgen über mehr oder weniger nützliche Konsumgüter (Bücher, Fotoalben, DVDs, Lebensmittel) bis zu exklusiven Angeboten in dreistelliger Höhe, wie Eintrittskarten für VIP-Veranstaltungen oder Gutscheine für Coachings.

Mit diesen Rewards kommen steuerlich zu klärende Sachverhalte auf die Tagesordnung von Vereinen. Achtung: Die meisten Rewards sind keine Spenden! Mithilfe der folgenden Abbildung (siehe nächste Seite) können Sie eine steuerliche Einordnung der Sponsoring-Gegenleistungen bzw. Prämien vornehmen. (Mehr dazu auch in Kapitel 8.)

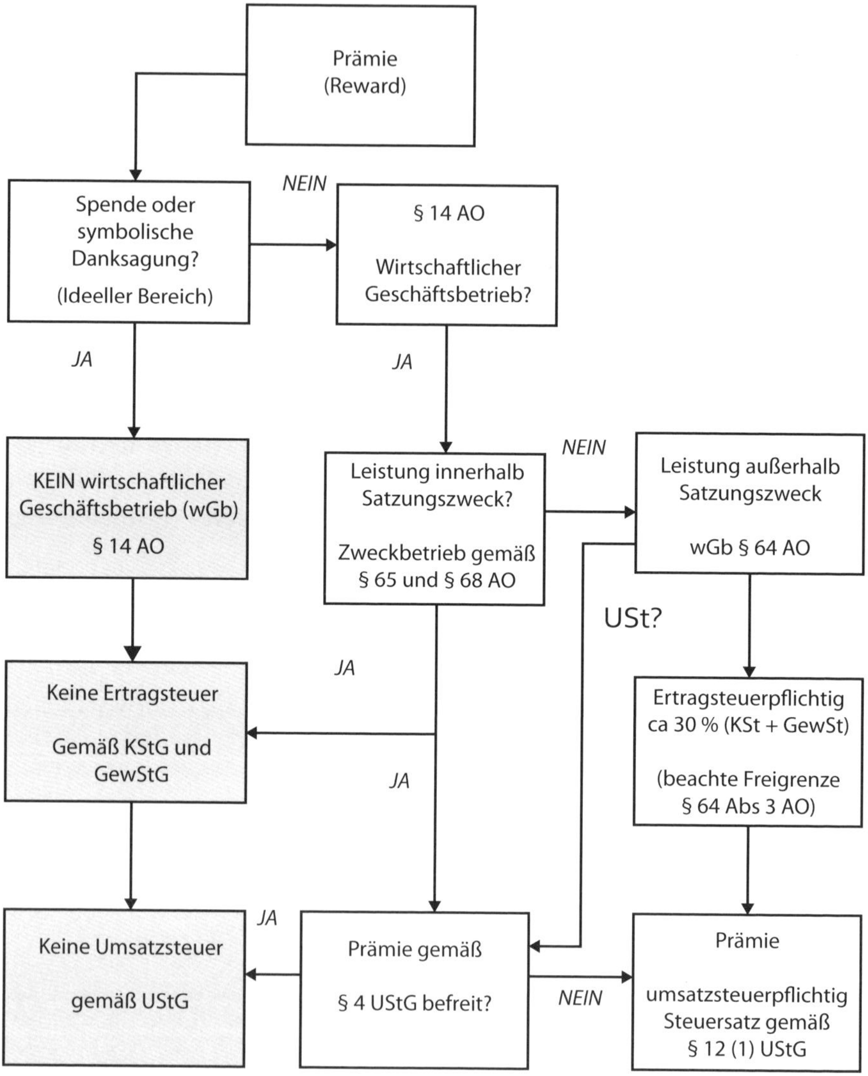

Abb. 1: Prüfungsfolge der steuerlichen Würdigung von Prämien im Crowdfunding

Kapitel 8:

Steuerrecht - abschreckend kompliziert?

Das Steuerrecht, einschließlich dem Gemeinnützigkeitsrecht, ist generell komplex, da die Steuergrundlagen abstrakt im Gesetz beschrieben werden. Die Beurteilung, ob ein konkreter Sachverhalt steuerpflichtig ist – wobei mehrere Steuerarten zu berücksichtigen sind –, fällt nicht immer leicht. In diesem Kapitel erläutern wir als wichtige Steuerarten die Körperschaftsteuer und die Umsatzsteuer.

Die Körperschaftsteuer im Vereinsbereich

Durch die Besteuerung der wirtschaftlichen Tätigkeiten von Vereinen soll vermieden werden, dass Vereine im Vergleich zu steuerpflichtigen Unternehmen mit gleichen Leistungen (z.B. Verkauf von Speisen und Getränken) Wettbewerbsvorteile genießen. Dennoch gelten für Vereine einige Ausnahmen: Auch ein nicht gemeinnütziger Verein ist von der Körperschaftsteuer befreit, soweit er seine Aktivitäten ausschließlich mit Mitgliedsbeiträgen finanziert.

Beim gemeinnützigen Verein umfasst die Steuerbefreiung alle Tätigkeiten im Ideellen Bereich sowie im Zweckbetrieb und der Vermögensverwaltung. Die einzelnen Tätigkeitsbereiche gemeinnütziger Vereine lassen sich wie folgt darstellen:

Ideeller Bereich

In diesem Bereich werden auf der Einnahmenseite die Mitgliedsbeiträge, Spenden und die allgemeinen Zuschüsse erfasst, und als Aufwendungen diejenigen Beträge, die mit diesen Einnahmen im Zusammenhang stehen. In diesem Bereich verwirklicht der Verein seinen Satzungszweck durch unentgeltliche Zweckerfüllung.

Vermögensverwaltung

Hier werden die Einnahmen und Ausgaben im Zusammenhang mit der Nutzung und Verwertung des eigenen Vermögens erfasst. Eine Vermögensverwaltung liegt vor, wenn Vermögen genutzt wird, zum Beispiel Kapitalvermögen verzinslich angelegt oder Grundstücke und Räume auf Dauer (in der Regel mindestens sechs Monate) vermietet oder verpachtet werden. Aber auch die Verpachtung von Werberechten ist eine mögliche Betätigung in der Vermögensverwaltung.

Wirtschaftlicher Geschäftsbetrieb

Ein wirtschaftlicher Geschäftsbetrieb ist eine selbstständige nachhaltige Tätigkeit, durch die Einnahmen oder andere wirtschaftliche Vorteile erzielt werden und die über den Rahmen einer Vermögensverwaltung hinausgeht. Die Absicht, Gewinn zu erzielen, ist nicht erforderlich.

Zweckbetrieb

Die Geschäftsführung eines gemeinnützigen Vereins muss auf die Erfüllung des steuerbegünstigten Zwecks gerichtet sein und der Satzung entsprechen. Häufig kann der Satzungszweck nur im Rahmen von wirtschaftlichen Aktivitäten erfüllt werden. Diese wirtschaftliche Betätigung wird als steuerbegünstigter Zweckbetrieb anerkannt, wenn

- ➜ der wirtschaftliche Geschäftsbetrieb in seiner Gesamtrichtung dazu dient, die steuerbegünstigten satzungsmäßigen Zwecke des Vereins zu verwirklichen,
- ➜ die Zwecke nur durch einen solchen Geschäftsbetrieb erreicht werden können und
- ➜ der wirtschaftliche Geschäftsbetrieb zu nicht begünstigten Betrieben derselben oder ähnlicher Art nicht in größerem Umfang in Wettbewerb tritt, als es bei Erfüllung der steuerbegünstigten Zwecke unvermeidbar ist.

BEISPIEL

- ➜ Ein Verein stellt eine Vereinszeitschrift her, in der lediglich über die satzungsmäßigen Zwecke des Vereins berichtet wird, und verkauft diese.
- ➜ Ein Bildungsverein organisiert eine Tagung und verlangt von den Besucherinnen und Besuchern der Veranstaltung eine Teilnehmergebühr.
- ➜ Im Tierheim lebende Tiere werden vom Verein gegen eine nach Art, Alter und Abstammung gestaffelte Vermittlungsgebühr abgegeben.

Der Sportverein organisiert einen Stadtlauf und erhebt von den Teilnehmern eine Startgebühr. Der ideelle Bereich, die Vermögensverwaltung und die Zweckbetriebe sind ertragsteuerfrei, nur der Gewinn des wirtschaftlichen Geschäftsbetriebs unterliegt der Körperschaft- und Gewerbesteuer, sofern die Einnahmen höher als 45.000 Euro einschließlich Umsatzsteuer im Jahr sind (vgl. Abbildung 2 – Tätigkeitsbereiche und deren Besteuerung, Seite 120). Dabei ist das gesamte Vereinsergebnis nicht entscheidend. Auch bei einem Jahresverlust des Vereins bleibt der wirtschaftliche Geschäftsbetrieb partiell steuerpflichtig.

Besteuerungsfreigrenze

Die Körperschaftsteuer auf die Gewinne aus den steuerpflichtigen wirtschaftlichen Geschäftsbetrieben wird nicht erhoben, wenn die Bruttoeinnahmen, also die Einnahmen einschließlich Umsatzsteuer, aller steuerpflichtigen wirtschaftlichen Geschäftsbetriebe insgesamt 45.000 Euro im Jahr nicht übersteigen.

Bei der Prüfung, ob die Besteuerungsgrenze überschritten wird, werden nicht berücksichtigt:

- Einnahmen im ideellen Bereich, also z.B. Mitgliedsbeiträge und Spenden,
- Einnahmen aus der steuerfreien Vermögensverwaltung, z.B. Zinseinnahmen, Einnahmen aus der langfristigen Verpachtung von Vereinsvermögen, sowie
- Einnahmen aus einem Zweckbetrieb.

Der steuerpflichtige wirtschaftliche Geschäftsbetrieb

Geht eine wirtschaftliche Tätigkeit eines Vereins über den Rahmen der Vermögensverwaltung hinaus und erfüllt sie nicht die Voraussetzungen für das Vorliegen eines Zweckbetriebs, liegt insoweit ein steuerpflichtiger wirtschaftlicher Geschäftsbetrieb des Vereins vor. Zu den Einkünften aus steuerpflichtigen wirtschaftlichen Geschäftsbetrieben gehören deshalb alle Erträge, die weder im ideellen Bereich noch im Rahmen der Vermögensverwaltung oder eines Zweckbetriebs anfallen.

Ein Verein kann sich auf mehreren Gebieten wirtschaftlich betätigen. Für Zwecke der Besteuerung werden die Gewinne und Verluste aller einzelnen steuerpflichtigen wirtschaftlichen Tätigkeiten des Vereins zusammengerechnet. Für die Frage der Besteuerung ist wesentlich, ob ein steuerbegünstigter Zweckbetrieb vorliegt oder ob die Aktivität steuerbefreit ist. Es reicht nicht aus, dass die durch die ausgeübte Tätigkeit erzielten Einnahmen nur für die steuerbegünstigten Zwecke verwendet werden. Die Tätigkeit muss in seiner Gesamtrichtung den steuerbegünstigten Zwecken dienen. Reine Mittelbeschaffungsbetriebe stellen daher keinen Zweckbetrieb dar.

Steuerpflichtige wirtschaftliche Geschäftsbetriebe sind beispielsweise:

- der Verkauf von Speisen und Getränken,
- der Betrieb einer Vereinsgaststätte,

- gesellige Veranstaltungen, für die Eintrittsgeld erhoben wird (z.B. Sommerfest),
- die Veranstaltung von Flohmärkten und Straßenfesten,
- die Sammlung und Verwertung von Altmaterialien,
- der Verkauf von Sportartikeln,
- Einnahmen durch Werbung in Vereinszeitschriften und Programmheften sowie Banner-, Trikot- oder Gerätewerbung,
- Aktive Werbeleistungen, wie Verlinkung auf die Website der Sponsoren auf der Vereinswebsite,
- der Angelkartenverkauf durch Angelvereine an Nichtmitglieder,
- Basare (auch wenn dort nur gespendete Gegenstände veräußert werden),
- Faschingsveranstaltungen, bei denen die Tanzveranstaltung im Vordergrund steht,
- der Pensionsstall eines Reitvereins,
- Reisen, bei denen die Erholung der Teilnehmer bzw. der touristische Aspekt im Vordergrund steht,
- die Vermittlung von Versicherungen an Mitglieder.

ACHTUNG

Als wirtschaftliche Betätigungen sind außerdem steuerpflichtig:

- die Ausübung von gemeinnützigen Tätigkeiten, die nicht Satzungszweck des Vereins sind.
- eine Ausweitung der Aktivitäten im Zweckbetrieb ohne unmittelbare Notwendigkeit.

Liegt ein steuerpflichtiger wirtschaftlicher Geschäftsbetrieb vor, bleiben die Vergünstigungen für die anderen Bereiche erhalten. Etwas anderes gilt jedoch, wenn der wirtschaftliche Geschäftsbetrieb in der tatsächlichen Geschäftsführung losgelöst vom eigentlichen Vereinszweck betrieben wird und die dabei erzielten Mittel dauerhaft nicht dem Satzungszweck zugutekommen.

Im Folgenden wird auf einige wirtschaftliche Aktivitäten und ihre steuerliche Behandlung näher eingegangen.

Wohlfahrtseinrichtungen

Eine Einrichtung der Wohlfahrtspflege ist ein Zweckbetrieb, wenn sie in besonderem Maße hilfsbedürftigen Personen dient. Eine Einrichtung muss mindestens zwei Drittel ihrer Leistungen den bedürftigen Personen zukommen lassen, damit die Tätigkeit als Zweckbetrieb anerkannt wird.

Begünstigte Einrichtungen sind unter anderem:

- ➜ Einrichtungen für Pflegedienstleistungen einschließlich der häuslichen Pflege im Rahmen der Pflegeversicherung,
- ➜ Altentages- oder Altenbegegnungsstätten,
- ➜ arbeitstherapeutische Beschäftigungsgesellschaften,
- ➜ Rettungsdienste und Krankentransporte,
- ➜ Einrichtungen zur Beförderung von behinderten Menschen,
- ➜ Mensa- und Cafeteriabetriebe von Studentenwerken und
- ➜ Ganztagsschulen.

Kultureinrichtungen

Steuerbegünstigt sind kulturelle Einrichtungen, wie z.B. Museen, Theater, Opernhäuser, und die Durchführung von Veranstaltungen wie z.B. von Konzerten und Kunstausstellungen, wenn es sich dabei um die Erfüllung des Satzungszwecks „Förderung der Kunst und Kultur“ handelt. Auf die Qualität der kulturellen Veranstaltung kommt es nicht an (es muss sich nicht um „Hochkultur“ handeln).

Sportliche Veranstaltungen von Sportvereinen

Sportliche Veranstaltungen eines Sportvereins gelten als Zweckbetrieb, wenn die Einnahmen aus diesen Veranstaltungen im Jahr insgesamt 45.000 Euro nicht übersteigen.

Vereine können sich nach § 67a AO für die Option entscheiden, dass die Durchführung von sportlichen Veranstaltungen ein Zweckbetrieb ist, wenn

1 kein Sportler des Vereins teilnimmt, der für seine sportliche Betätigung oder für die Benutzung seiner Person, seines Namens, seines Bildes oder seiner sportlichen Betätigung zu Werbezwecken von dem Verein oder einem Dritten über eine Aufwandsentschädigung hinaus Vergütungen oder andere Vorteile erhält, und

2 kein anderer Sportler teilnimmt, der für die Teilnahme an der Veranstaltung von dem Verein oder einem Dritten im Zusammenwirken mit dem Verein über eine Aufwandsentschädigung hinaus Vergütungen oder andere Vorteile erhält.

Eine Sportveranstaltung ist die Organisation eines Vereins, die es aktiven Sportlern – die nicht zwangsläufig Mitglieder des Vereins sein müssen – ermöglicht, Sport zu treiben. Dazu gehören z.B. Spiele, Wettkämpfe, Volksläufe sowie die Erteilung von Sportunterricht und -kursen.

ACHTUNG

Die bloße Nutzungsüberlassung von Sportgegenständen bzw. Sportanlagen ist keine sportliche Veranstaltung.

Sportreisen werden als sportliche Veranstaltungen anerkannt, wenn die sportliche Betätigung wesentlicher und notwendiger Bestandteil der Reise ist (z.B. Reise zum Wettkampfort oder ein Trainingslager). Reisen, bei denen die Erholung der Teilnehmer im Vordergrund steht (Touristikreisen), zählen dagegen auch dann nicht zu den sportlichen Veranstaltungen, wenn im Rahmen der Reise auch Sport betrieben wird.

Der Verkauf von Speisen und Getränken – auch an Wettkampfteilnehmer, Schiedsrichter, Kampfrichter, Sanitäter usw. – und Werbung gehören nicht zu den sportlichen Veranstaltungen. Diese Tätigkeiten sind gesonderte steuerpflichtige wirtschaftliche Geschäftsbetriebe. Die während eines Wettkampfs ohne gesonderte Bezahlung gereichte Verpflegung wird als Teil der Veranstaltungskosten angesehen.

Zu den bei der Prüfung der Zweckbetriebsgrenze zu berücksichtigenden Einnahmen gehören nur die Einnahmen aus der sportlichen Betätigung, z.B. Startgelder, Eintrittsgelder, Zahlungen für Übertragungsrechte, Lehrgangs- und Kursgebühren sowie Ablösezahlungen.

Bezahlte Sportler

Bezahlte Sportler im Sinne des Gemeinnützigkeitsrechts sind zum einen Sportler des Vereins, die für ihre sportliche Betätigung oder als Werbeträger vom Verein oder von Dritten Vergütungen oder andere Vorteile erhalten, die über eine Aufwandsentschädigung hinausgehen. Nach bundeseinheitlichen Verwaltungsanweisungen sind Zuwendungen der Sportvereine an ihre aktiven Sportler bis zu 450 Euro im Durchschnitt pro Monat noch als unschädliche Aufwandsentschädigung anzusehen.

ACHTUNG

Diese typisierende Grenze von 450 Euro gilt nicht bei der Einkommensbesteuerung des Sportlers. Er muss vielmehr alle erhaltenen Einnahmen – auch wenn sie geringer als 450 Euro monatlich sind – in seiner Einkommensteuererklärung angeben. Die Aufwendungen, die ihm im Zusammenhang mit der Sportausübung entstehen, kann er als abzugsfähige Ausgaben gegenrechnen.

Die vorstehende Vereinfachungsregelung der Nichtbeanstandung von 450 Euro monatlich als „bezahlter Sportler" gilt nur für Sportler des Vereins, nicht aber für Zahlungen an vereinsfremde Sportler. Diese Sportler gelten als bezahlte Sportler, wenn sie im Rahmen der Veranstaltung mehr als den nachgewiesenen Aufwand erstattet bekommen.

BEISPIEL

Ein Verein hat über 45.000 Euro Einnahmen aus sportlichen Veranstaltungen und optiert gemäß § 67a (2) Abgabenordnung. Im Rahmen einer Leichtathletik-Meisterschaft erhalten die Sieger Geldpreise von je 1.000 Euro. Da diese Preise höher sind als die Reisekosten der Sportler, gelten diese als „bezahlte Sportler". Somit ist diese Leichtathletik-Meisterschaft insgesamt dem steuerpflichtigen wirtschaftlichen Geschäftsbetrieb „Bezahlter Sport" zuzuordnen.

Überlassung von Sportanlagen oder Sportgeräten

Die Vermietung eines Sportplatzes, einer Turnhalle, von Räumen oder Einrichtungen gehört zur steuerfreien Vermietung von Vereinsvermögen, wenn es sich um eine Dauervermietung (mindestens sechs Monate Mietdauer) handelt und der Verein keine Nebenleistungen übernimmt, die der Vermietung einen gewerblichen Charakter verleihen (z.B. Bereitstellung von Verpflegung, Wachdienste, Reinigung).

Die laufende kurzfristige Vermietung, bei der der Verein für die jederzeitige Benutzbarkeit Sorge zu tragen hat, gilt hingegen als wirtschaftlicher Geschäftsbetrieb.

Die kurzfristige Vermietung von Sportstätten an Vereinsmitglieder für sportliche Zwecke – z.B. Tennisplätze, Schießplätze, Golfanlage, Fluganlagen – stellt einen steuerbegünstigten Zweckbetrieb dar.

Die Überlassung an Nichtmitglieder wird demgegenüber von der Finanzverwaltung als steuerpflichtiger wirtschaftlicher Geschäftsbetrieb angesehen. Dies gilt auch für „kurzfristige“ Mitgliedschaften, die nicht länger als ein halbes Jahr dauern und nur eingeschränkte Mitgliedsrechte mit sich bringen.

Tombola

Die Durchführung einer Tombola zur Unterstützung des Vereinszwecks ist immer eine gute Sache, um die Vereinskasse aufzufüllen. Der Verkauf von Losen – der Reiz, etwas zu gewinnen – erleichtern den Griff ins Portemonnaie. Wenn es dann kein Gewinn geworden ist, bleibt das angenehme Gefühl, eine gute Sache gefördert zu haben.

Die Einnahmen aus dem Verkauf der Lose sind ertragsteuerfrei, wenn der Überschuss aus der Tombola unmittelbar für begünstigte Zwecke des Vereins verwendet wird. In diesem Fall können die gestifteten Preise als Sachspenden bescheinigt werden.

Wenn die Tombola jedoch der Finanzierung einer geselligen Veranstaltung dient, sind die Einnahmen aus den Losverkäufen wie die Eintrittsgelder als Einnahmen im wirtschaftlichen Geschäftsbetrieb zu erfassen. Den Firmen, die Preise gestiftet haben, dürfen keine Zuwendungsbestätigungen über Sachspenden erteilt werden. Mit Ihrem Dankesschreiben geben Sie dem Unternehmen jedoch einen Nachweis für den Abzug als Betriebsausgabe.

Übrigens: Die Durchführung einer Tombola muss bei der Gemeinde angezeigt werden!

Sponsoring

Unter Sponsoring wird die Gewährung von Geld oder geldwerten Vorteilen durch Unternehmen zur Förderung von Vereinen verstanden, mit der die Unternehmen auch eigene Ziele der Werbung oder Öffentlichkeitsarbeit verfolgen. Motivation ist also nicht nur die Förderung der Vereinsarbeit, sondern auch die Eigendarstellung des Sponsors. Motivationen des Unternehmens für Sponsoringmaßnahmen können sein:

- die Imagepflege des Unternehmens,
- die Motivation der eigenen Mitarbeiter,
- die Möglichkeit der Anknüpfung oder Vertiefung von Kundenkontakten.

Regelmäßig beruhen die Sponsoringmaßnahmen auf einem Vertrag zwischen dem Sponsor (Unternehmen) und dem Empfänger der Leistungen (Verein), in dem die Leistungen beider Seiten geregelt werden.

Beim Unternehmen stellen die Aufwendungen für das Sponsoring Betriebsausgaben dar, wenn es für seine Produkte oder sein Unternehmen werben darf oder andere wirtschaftliche Vorteile für sein Unternehmen anstrebt. Solche wirtschaftlichen Vorteile können insbesondere in der Sicherung oder Erhöhung des unternehmerischen Ansehens liegen und werden durch Berichterstattungen in allen Medien erreicht.

Abgrenzung: Spenden - Sponsoring

Spenden sind freiwillige und unentgeltliche Zuwendungen von Geld oder Sachen (Wirtschaftsgütern) zur Förderung steuerbegünstigter Zwecke. (Zur steuerlichen Behandlung von Spenden siehe Kapitel 6.)

Demgegenüber stellen beim Sponsoring Wirtschaftsunternehmen dem Verein Geld oder geldwerte Vorteile zur Verfügung zur Förderung sportlicher, kultureller, kirchlicher, wissenschaftlicher, sozialer, ökologischer oder ähnlich bedeutsamer gesellschaftspolitischer Bereiche. Daneben werden aber auch eigene unternehmensbezogene Ziele der Werbung oder Öffentlichkeitsarbeit verfolgt.

Steuerrechtliche Behandlung von Sponsoring bei Vereinen

Ob die Sponsoringeinnahmen beim Verein ertragsteuerfrei sind oder ob es sich um körperschaftspflichtige Einnahmen handelt, hängt von der konkreten Gegenleistung des Vereins ab. Dabei kommt es letztlich auf die jeweilige Sachverhalts- bzw. Vertragsgestaltung an. Die Vielfalt des Sponsorings spiegelt sich auch in der steuerlichen Würdigung der verschiedenen Sponsoringarten wider.

Aktive Werbung als wirtschaftlicher Geschäftsbetrieb

Wirkt ein Verein durch die Veröffentlichung von Anzeigen, durch das Aufhängen von Werbeplakaten oder die Beflockung auf Sportbekleidung aktiv an den Werbemaßnahmen mit, liegt beim Verein stets ein steuerpflichtiger wirtschaftlicher Geschäftsbetrieb vor.

Bei Sponsoring in Form von Beflockung der Sportkleidung erhält der Verein von einem Unternehmen Wettkampfkleidung, die mit Firmenwerbung versehen ist, zur Verfügung gestellt. Der Verein überlässt die Kleidung seinen Sportlern. Falls die Abteilung die Kleidung durch eigene Kontakte selbst beschafft, liegt dennoch eine Werbemaßnahme durch den Verein vor, weil dieser die Werbung im Rahmen des Sportbetriebs duldet.

Verpachtung der Werberechte

Die Ertragsteuerpflicht der Werbeeinnahmen kann vermieden werden, indem der Verein die Werberechte an eine Agentur langfristig verpachtet. Die entgeltliche Übertragung von Werberechten, wie das Recht zur Nutzung von Werbeflächen auf dem Vereinsgelände oder auf der Website des Vereins, wird als körperschaftsteuerfreie Einnahmen der Vermögensverwaltung zugeordnet. Entsprechendes gilt, wenn der Verein das Verlagsrecht mit Anzeigenteil entgeltlich an einen Verlag überträgt und nicht aktiv am Anzeigengeschäft mitwirkt. Die Verpachtung der Werberechte wird in der Praxis hauptsächlich aus organisatorischen und nicht aus steuerlichen Gründen vorgenommen, da die Besteuerung der Werbeeinnahmen bei Nutzung des Wahlrechts gemäß § 64 (6) Abgabenordnung moderat ist (nur 15 % der Sponsoringeinnahmen unterliegen der Ertragsbesteuerung).

Passive Werbung als steuerfreie Vermögensverwaltung

Wenn der Verein dem Sponsor lediglich gestattet, im Rahmen eigener Werbung oder Imagepflege auf die Leistungen an den Verein hinzuweisen, werden die Sponsoringleistungen als steuerfreie Einnahmen im Bereich der Vermögensverwaltung erfasst. Gleiches gilt, wenn der Verein auf Plakaten, Veranstaltungshinweisen oder in Ausstellungskatalogen auf die Unterstützung durch einen Sponsor lediglich hinweist. Dieser Hinweis kann unter Verwendung des Namens, Emblems oder Logos des Sponsors, jedoch ohne besondere Hervorhebung, erfolgen.

ACHTUNG

Bei einer Verlinkung auf die Firmenseite des Sponsors ist das Entgelt des Vereins für diese Leistung dem steuerpflichtigen wirtschaftlichen Geschäftsbetrieb zuzuordnen.

BEISPIELE

Steuerfreies Sponsoring

- In einem Museum wird als Gegenleistung für eine Geldzuwendung ein Saal nach dem Sponsor benannt.
- Das Logo des Sponsors wird auf der Rückseite des Programmhefts ohne besondere Hervorhebung abgebildet.
- Das Logo wird auf der Homepage des Vereins ohne Verlinkung abgebildet.

Fahrzeuge mit Unternehmenswerbung (Werbemobile)

Sponsoren oder Werbefirmen versehen Fahrzeuge wie z.B. Kleinbusse mit Werbung (sogenannte Werbemobile). Die Werbefirma überlässt das Fahrzeug dem Verein zur Nutzung für eine bestimmte Vertragslaufzeit, und der Verein verpflichtet sich im Gegenzug, das Werbemobil bis zum Vertragsende möglichst werbewirksam und häufig zu nutzen sowie die Werbung zu dulden. Für die Gebrauchsüberlassung sind keine Zahlungen an die Werbefirma zu leisten. Der Verein trägt die laufenden Kosten des Fahrzeugs.

Die Lieferung erfolgt im Rahmen eines tauschähnlichen Umsatzes, da das Entgelt in der Werbeleistung besteht, die der Verein mit der Duldung der Anbringung der Werbeflächen auf dem Fahrzeug und dessen werbewirksamen Einsatz an die Werbefirma erbringt. Als Wert der Werbeleistung ist der von der Werbefirma gezahlte Einkaufspreis für das Fahrzeug anzusetzen.

Die mit dem Betrieb des Werbemobils ausgeführte Werbeleistung der nutzenden Institution begründet bei einem Verein grundsätzlich eine Einnahme in der ertragsteuerbefreiten Vermögensverwaltung (Duldungsleistung). Es ist aber ein steuerbarer Austausch i.S. des Umsatzsteuergesetzes mit einem Steuersatz i.H.v. 7 %. Allerdings nur, wenn der Verein sich nicht verpflichtet, das Fahrzeug an einer bestimmten Stelle abzustellen oder eine bestimmte Strecke zu fahren. Eine aktive, nicht steuerbegünstigte Werbeleistung liegt vor, wenn das Fahrzeug offensichtlich als Werbeträger dient (großer Werbeschriftzug einer Firma) oder das Fahrzeug über den für die eigenen steuerbegünstigten Zwecke notwendigen Umfang hinaus genutzt wird.

Verluste im wirtschaftlichen Geschäftsbetrieb

Da zum Ausgleich von Verlusten in einem steuerpflichtigen wirtschaftlichen Geschäftsbetrieb keine steuerbegünstigten Mittel verwendet werden dürfen, muss der Ausgleich bis zum Ende des folgenden Wirtschaftsjahres erfolgen. Jedoch werden frühere Gewinne als Ausgleich zugelassen.

Soweit im Falle eines Verlustes in den sechs vorangegangenen Jahren dem ideellen Bereich Gewinne in mindestens gleicher Höhe zugeführt worden sind, liegt keine schädliche Mittelfehlverwendung vor. Insoweit ist der Verlustausgleich im Entstehungsjahr als Rückgabe früherer, durch das Gemeinnützigkeitsrecht vorgeschriebener Abführungen anzusehen.

Die Aufnahme neuer wirtschaftlicher Aktivitäten unterliegt einer verstärkten Überwachungspflicht. Wenn nicht innerhalb von drei Jahren ein positives Ergebnis erwirtschaftet wird, muss der Verein den Betrieb schnellstmöglich einstellen. Der Verein darf Mittel für diesen neuen Betrieb nur einsetzen, wenn nach vernünftiger kaufmännischer Beurteilung (Prognose erforderlich) Verluste nicht zu erwarten sind.

Unschädlich ist die Finanzierung durch für diesen Zweck erhobene Umlagen der Mitglieder oder erhaltene Spenden (aber ohne Zuwendungsbestätigung!) und die Verwendung von freien Rücklagen nach § 62 Abs. 1 Nr. 3 AO.

Ermittlung und Höhe der Körperschaft- und Gewerbesteuer

Übersteigen die jährlichen Einnahmen (einschließlich der Umsatzsteuer) in den wirtschaftlichen Geschäftsbetrieben insgesamt nicht die Freigrenze von 45.000 Euro, wird die Körperschaft- und Gewerbesteuer nicht erhoben. Körperschaft- und Gewerbesteuer werden auf der Grundlage des Gewinns berechnet.

Bei Überschreiten der Einnahmengrenze von 45.000 Euro ist der Gewinn für jeden wirtschaftlichen Geschäftsbetrieb gesondert zu ermitteln. Die Gewinne werden zusammengefasst zum steuerpflichtigen Einkommen. Von diesem Einkommen bleibt ein Freibetrag von 5.000 Euro steuerfrei. Auf den überschießenden Gewinn werden die Körperschaftsteuer mit 15 % zuzüglich 5,5 % Solidaritätszuschlag berechnet.

BEISPIEL

Einkommen	7.620 €
abzüglich Freibetrag	-5.000 €
zu versteuerndes Einkommen	2.620 €
Körperschaftsteuer	
15 % von 2.620 €	393 €
Solidaritätszuschlag	
5,5 % von 393 €	21 €

Gewerbesteuer fällt nur in den Bereichen an, die auch der Körperschaftsteuer unterliegen. Zur Ermittlung des Gewerbeertrags wird der Gewinn aus dem steuerpflichtigen wirtschaftlichen Geschäftsbetrieb um bestimmte Hinzurechnungen und Kürzungen korrigiert, die hier nicht im Einzelnen vorgestellt werden, da sie für Vereine regelmäßig nicht zu Anwendung kommen. Die Gewerbesteuer wird unmittelbar von der Gemeinde festgesetzt und erhoben und beträgt etwa 20 %. Für die Planung kann mit einer gesamten Ertragsteuerbelastung (Körperschaft- und Gewerbesteuer) von etwa 30 % auf den zu besteuernden Gewinn nach Freibetrag ausgegangen werden.

Gestaltungsmöglichkeiten

Ein Verein mit steuerpflichtigen wirtschaftlichen Geschäftsbetrieben kann sich der Steuerpflicht entziehen, indem er diese an fremde Betreiber und Unternehmer verpachtet. Die Pachteinnahmen sind als ertragsteuerfreie Vermögensverwaltung zu erfassen. Allerdings sollte das betriebswirtschaftlich auf Sinnhaftigkeit geprüft werden (siehe unter „Verpachtung der Werberechte").

BEISPIEL

Nach der Verpachtung der Vereinsgaststätte ist der Pächter Betreiber der Gastronomie und muss die steuerlichen Pflichten als Arbeitgeber und Unternehmer selbst erfüllen. Beim Verein sind nur die Pachteinnahmen zu erfassen. Bei einer Betriebsaufgabeerklärung werden sie der steuerbefreiten Vermögensverwaltung zugeführt.

Häufig werden auch die Werbemöglichkeiten eines Vereins an eine Agentur verpachtet. In diesem Fall werden der Agentur bestimmte Werbemöglichkeiten wie Bandenwerbung, Veranstaltungsvermarktung, Werbungen auf der Homepage oder in der Vereinszeitschrift überlassen. Die Agentur schließt dann Sponsoringverträge mit Unternehmen und zahlt dem Verein eine erfolgsbezogene Vergütung.

Scheinverträge, bei denen der Agentur keine Gewinnmöglichkeiten verbleiben, werden steuerlich nicht anerkannt.

Pauschale Gewinnermittlung

Bei bestimmten wirtschaftlichen Geschäftsbetrieben kann auf eine gesonderte Gewinnermittlung verzichtet werden. Hier wird der Gewinn auf Antrag in der Höhe von 15 % der Einnahmen pauschal angesetzt. Diese Sonderregelung kann angewandt werden bei Werbeeinnahmen, die im Zusammenhang mit der steuerbegünstigten Tätigkeit einschließlich Zweckbetrieben des Vereins stattfinden (z.B. Trikotwerbung bei Jugend- oder Amateurmannschaften).

Bei Altmaterialsammlungen gilt nachstehende pauschale Gewinnermittlung: Der branchenübliche Reingewinn wird bei der Verwertung von Altpapier mit 5 % und bei der Verwertung von anderem Altmaterial (Altkleider, Lumpen, Schrott) mit 20 % der Einnahmen angesetzt. Die Vereinfachungsregelung gilt nur für Altmaterialsammlungen (Lumpen, Altpapier, Schrott, Glas) und nicht für Verkaufsveranstaltungen (Basare, Flohmärkte usw.) oder den gelegentlichen Gebrauchtwarenhandel von wieder verwendbaren Waren (Secondhand-Waren).

Bei Inanspruchnahme einer Pauschalierung dürfen die im Zusammenhang mit den Einnahmen tatsächlich angefallenen Betriebsausgaben nicht abgesetzt werden.

In der folgenden Abbildung finden Sie die einzelnen Tätigkeitsbereiche und deren steuerliche Behandlung nochmal im Überblick:

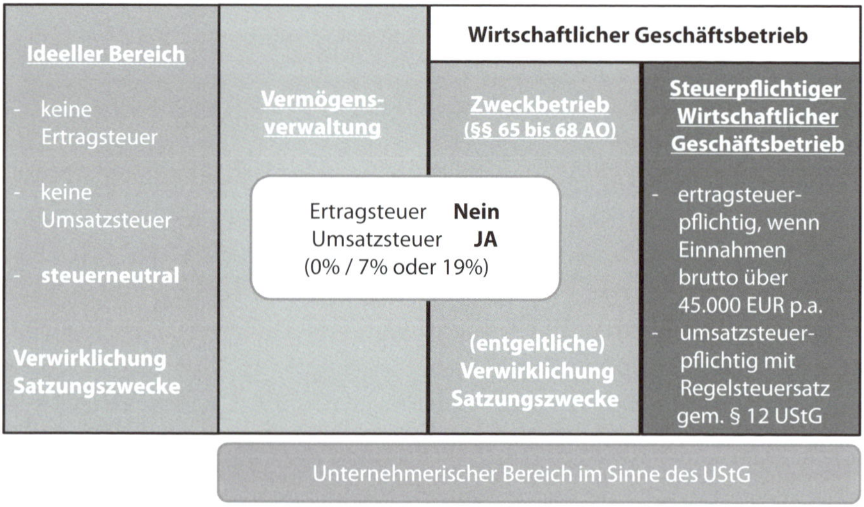

Abb. 2: Tätigkeitsbereiche und deren Besteuerung

Umsatzsteuer (Mehrwertsteuer)

Die Begriffe Umsatzsteuer und Mehrwertsteuer werden gleichrangig nebeneinander verwendet. So heißt es zum Beispiel „Umsatzsteuergesetz“ und „Mehrwertsteuer-Systemrichtlinie“ (europäisches Rahmengesetz).

Die Umsatzsteuer wird auf die Erlöse (Umsätze) eines Vereins erhoben, soweit dieser im Rahmen eines Leistungsaustausches mit Dritten handelt.

Der gemeinnützige Verein genießt jedoch steuerliche Privilegien, da viele für Vereine typische Leistungen von der Mehrwertsteuer befreit sind. Andere Bereiche sind dadurch steuerlich begünstigt, dass der Steuersatz der Erlöse von 19 % auf 7 % abgesenkt ist.

Die Staaten der Europäischen Union haben sich auf ein einheitliches Umsatzsteuergesetz verständigt – die Mehrwertsteuer-Systemrichtlinie (MwStSystRL), die jeweils in nationales Recht umgesetzt werden soll. Soweit das deutsche Umsatzsteuerrecht im Widerspruch zur MwStSystRL steht, kann sich der Verein auf das für ihn günstigere Recht beziehen.

Im Folgenden wird erläutert, wann ein Verein umsatzsteuerpflichtig ist.

Kleinunternehmerregelung

Wenn ein Verein nur gelegentlich oder in geringem Umfang Leistungen im unternehmerischen Bereich erbringt, tritt nicht sofort Umsatzsteuerpflicht ein. Wenn die steuerpflichtigen Umsätze im vorangegangenen Kalenderjahr geringer als 22.000 Euro waren und im laufenden Jahr voraussichtlich 50.000 Euro nicht übersteigen werden, gilt der Verein als Kleinunternehmer (§ 19 UStG). Dann wird die Steuer nicht erhoben, sodass seine sämtlichen Einnahmen von der Umsatzsteuer befreit sind.

Ein Verein, dessen Umsätze unterhalb der Grenze von 22.000 Euro liegen, kann jedoch zur Regelbesteuerung optieren. In diesem Fall muss der Verein Umsatzsteuer verlangen und an das Finanzamt abführen, gleichzeitig ist er aber auch vorsteuerabzugsberechtigt. Die Regelbesteuerung kann für den Verein vorteilhaft sein, wenn aus Investitionen oder Anschaffungen im umsatzsteuerpflichtigen Bereich höhere Vorsteuern verrechnet werden können, die zu Umsatzsteuererstattungen führen. Wenn ein Verein zur Regelbesteuerung optiert, muss er diese allerdings für mindestens fünf Jahre anwenden.

Umsatzsteuerliche Bereiche des Vereins

Bei der Frage nach der Umsatzsteuerpflicht von Vereinen wird untersucht, ob ein Leistungsaustauschverhältnis mit Mitgliedern oder mit Nichtmitgliedern vorliegt (wirtschaftliche bzw. unternehmerische Sphäre).

ACHTUNG

Der Verein ist mit den Bereichen Vermögensverwaltung, Zweckbetrieb und steuerpflichtiger wirtschaftlicher Geschäftsbetrieb Unternehmer im Sinne des UStG. Die steuerpflichtigen Umsätze (ohne steuerbefreite Einnahmen) dieser Bereiche werden zusammengerechnet, um festzustellen, ob die Kleinunternehmergrenze von 22.000 Euro überschritten wird (vgl. dazu Abbildung 3 – Prüfschema zur Umsatzsteuer).

Die Tätigkeit im Ideellen Bereich ist keine wirtschaftliche Tätigkeit, der Verein finanziert sich mit Spenden, echten Zuschüssen und Mitgliedsbeiträgen. Nach dem deutschen Umsatzsteuerrecht gilt der Bereich, der mit Mitgliedsbeiträgen finanziert wird, als nichtunternehmerisch bzw. nichtwirtschaftlich. Somit wird in diesem Bereich auch keine Umsatzsteuer fällig.

Nach dem Verständnis der europäischen MwStSystRL kann der Mitgliederbereich jedoch zum unternehmerischen Bereich gehören, wenn die Mitglieder ein Recht auf die angebotenen Leistungen haben, so dass ein Leistungsaustausch Vereinsleistung gegen Beitrag angenommen wird.

BEISPIEL

Ein Sportverein bietet seinen Mitgliedern sportliche Betätigung in Form von Übungsstunden, Training, Überlassung von Sportanlagen und Wettkampfbetrieb an. Die Mitgliedseinnahmen sind somit das Entgelt für die Leistungen des Vereins und somit umsatzsteuerbar.

(Es greift jedoch regelmäßig die Umsatzsteuerbefreiung nach § 4 Nr. 22 UStG – siehe dazu weiter unten).

Umsatzsteuerbefreiungen für Vereine

Viele Umsätze, die von gemeinnützigen Vereinen erbracht werden, sind nach § 4 UStG umsatzsteuerbefreit. Die wichtigsten Befreiungen für den Vereinsbereich sind:

- die Vermietung und Verpachtung von Grundstücken (mit Optionsmöglichkeit) (§ 4 Nr. 12),

- Leistungen der Wohlfahrtsverbände (§ 4 Nr. 18),
- die Umsätze von Theatern, Orchestern, Kammermusikensembles, Chören, Museen, botanischen Gärten, zoologischen Gärten, Tierparks, Archiven, Büchereien sowie Denkmälern der Bau- und Gartenbaukunst, wenn die zuständige Landesbehörde bescheinigt, dass sie die gleichen kulturellen Aufgaben wie entsprechende öffentliche Einrichtungen erfüllen (§ 4 Nr. 20),
- Leistungen von Schulen und berufsbildenden Einrichtungen (§ 4 Nr. 21),
- Vorträge, Kurse und andere Veranstaltungen wissenschaftlicher oder belehrender Art (§ 4 Nr. 22a),
- Teilnehmergebühren für kulturelle und sportliche Veranstaltungen (§ 4 Nr. 22b),
- Leistungen im Rahmen der Jugendhilfe (§ 4 Nr. 23 und 25),
- Leistungen der Jugendherbergen (§ 4 Nr. 24).

Für Aufwendungen im Zusammenhang mit steuerfreien Erlösen ist allerdings auch kein Vorsteuerabzug zulässig (zum Vorsteuerabzug siehe weiter unten).

Mehrwertsteuersätze

Der Regelsteuersatz beträgt 19 %, bei der Lieferung von Lebensmitteln, Büchern und Zeitschriften ermäßigt er sich auf 7 %. Dieser ermäßigte Steuersatz gilt auch für Leistungen von gemeinnützigen Vereinen, sofern die Umsätze nicht steuerbefreit sind.

Umsätze im Rahmen eines wirtschaftlichen Geschäftsbetriebs unterliegen dagegen der Regelbesteuerung. Wenn der Verein seine Gemeinnützigkeit verliert oder sie für einzelne Jahre der Vergangenheit aberkannt bekommt, sind die Umsätze, die bisher begünstigt waren, nachträglich mit dem Regelsteuersatz zu versteuern.

Beim passiven Sponsoring sieht die Finanzverwaltung in der bloßen Nennung des Sponsors – ohne besondere Hervorhebung – keinen steuerpflichtigen Umsatz. Dies betrifft Sachverhalte, in denen der Verein als Empfänger von Zuwendungen aus einem Sponsoringvertrag beispielsweise auf Plakaten, in Veranstaltungshinweisen, in Ausstellungskatalogen oder auf seiner Internetseite auf die Unterstützung durch den Sponsor lediglich hinweist. Auch die Verwendung des Emblems oder Logos des Sponsors, jedoch ohne besondere Hervorhebung oder Verlinkung zu dessen Internetseiten, bleibt umsatzsteuerfrei (siehe im Anhang den Sponsoringerlass des BMF von 1998).

Erbringt der Verein konkrete Werbeleistungen (bspw. Trikot- oder Bandenwerbung oder Anzeigen mit Produktwerbung), unterliegen die Einnahmen daraus dem allgemeinen Steuersatz von 19 %.

Restaurationsleistungen sind mit 19 % zu versteuern. Die Abgabe von Speisen und Getränken zum Verzehr an Ort und Stelle gilt nicht als Lieferung von Speisen, sondern als Sonstige Leistung mit einem Bündel von Leistungselementen, zu denen insbesondere die Möglichkeit, an bereitgestellten Tischen und Stühlen die Speisen zu verzehren, gehören. Sofern beim Verkauf von Würstchen, Pommes u.Ä. nur behelfsmäßige Vorrichtungen vorhanden sind, dienen diese nicht dem Verzehr an Ort und Stelle, so dass die Lieferung von Speisen der Besteuerung zum ermäßigten Steuersatz von 7 % unterliegt.

Exkurs: Europäisches Umsatzsteuerrecht: Mehrwertsteuer-Systemrichtlinie

Deutschland hat sich – wie jeder EU-Staat – verpflichtet, sein nationales Umsatzsteuerrecht an der Mehrwertsteuer-Systemrichtlinie (MwStSystRL) auszurichten, damit EU-weit die gleichen umsatzsteuerrechtlichen Grundlagen gelten. Im Gemeinnützigkeitsrecht, insbesondere im Bereich der Besteuerung des Sports, ist die Umsetzung jedoch bisher kaum vollzogen. Unter Berufung auf die MwStSystRL kann ein Sportverein die Mitgliedsbeiträge steuerbar behandeln, allerdings kommt dann nach Ansicht des BMF die Steuerbefreiung nach § 4 Nr. 22b UStG in Betracht. Steuerbarkeit der Mitgliedsbeiträge

Sofern Vereine ihren Mitgliedern Leistungen anbieten, beispielsweise in Form von Musikunterricht in Kulturvereinen, liegt ein Leistungsaustausch vor. Die Beiträge der Mitglieder sind also umsatzsteuerbar und steuerpflichtig, soweit nicht eine Steuerbefreiung (Sport, Kultur) anzuwenden ist.

Steuersatz 19 % für Zweckbetriebe und Vermögensverwaltung

Der Bundesfinanzhof (BFH) hält den ermäßigten Umsatzsteuersatz von 7 % für Erlöse in der Vermögensverwaltung für nicht europarechtskonform, weil die Vermögensverwaltung keine gemeinnützige Tätigkeit sei. Im Zweckbetrieb solle der ermäßigte Steuersatz nur anzuwenden sein, wenn kein Konkurrenzverhältnis zu anderen wirtschaftlichen Unternehmen besteht. Die Auslegung bereitet in der Praxis Probleme, z.B. bei der Beherbergung und Beköstigung von Teilnehmern von Bildungsveranstaltungen. Bei diesem Sachverhalt sollten Sie steuerlichen Rat einholen.

Zuschüsse

Nicht zum Entgelt gehören Zahlungen der öffentlichen Hand, wenn sie zur allgemeinen Förderung des Satzungszwecks (institutionelle Förderung) des empfangenden Vereins bewirkt werden. Jedoch gehören Zahlungen der öffentlichen Hand an einen Verein, der dafür identifizierbare Leistungen an den Zuwendungsgeber erbringt – unabhängig von der Bezeichnung als „Zuschuss"–, zu den steuerbaren Umsätzen des Vereins, wenn in der Zuschussbewilligung konkrete Leistungen des Vereins vereinbart werden. Dies ist regelmäßig zum Beispiel bei Vereinbarungen zur Pflege und zum Erhalt von sportlichen Anlagen einer Kommune durch einen Sportverein der Fall. Die laut Vertrag zugewendeten „Betriebskostenzuschüsse" stellen dann ein steuerbares Entgelt, insbesondere i.S. des UStG dar.

Die Finanzverwaltung geht grundsätzlich von nicht steuerbaren Zuschüssen aus, wenn die allgemeinen Nebenbestimmungen (z.B. ANBest-P) Bestandteil des Zuwendungsbescheides sind.

Entstehung und Berechnung der Umsatzsteuer

Grundsätzlich entsteht die Steuer mit Ablauf des Voranmeldungszeitraums, in dem die Lieferung oder sonstige Leistung ausgeführt worden ist. Lieferungen und Werklieferungen sind ausgeführt, wenn der Leistungsempfänger die Verfügungsmacht über den zu liefernden Gegenstand erlangt, das ist grundsätzlich mit der Übergabe des Gegenstandes der Fall. Sonstige Leistungen und Werkleistungen gelten als im Zeitpunkt ihrer Vollendung ausgeführt. Anzahlungen sind stets im Zeitpunkt ihrer Vereinnahmung zu versteuern.

Die Bemessungsgrundlage für die Berechnung der Umsatzsteuer bildet das Entgelt. Entgelt ist alles, was der Verein für seine Lieferung oder Leistung vom Empfänger erhält, jedoch abzüglich der gesetzlich geschuldeten Umsatzsteuer.

BEISPIEL

Der Verein berechnet für den Verkauf von Büchern:

Verkaufspreis des Buches	29,00 €
Porto und Verpackung	3,00 €
Rechnungsbetrag	**32,00** €
Darin enthalten sind 7 % MwSt:	2,09 €
Das Entgelt beträgt somit:	29,91 €
Kontrollrechnung: 29,91 × 7 % = 2,09 € = brutto	32,00 €

Bei einem Tausch besteht die Gegenleistung für eine Lieferung in einer anderen Lieferung, beide Leistungen werden gegeneinander verrechnet. Im Vereinsbereich werden zum Beispiel häufig Werbeleistungen des Vereins mit Sachwerten des Sponsors gegenverrechnet.

BEISPIEL

Ein Verein erhält von einem Sportartikelhersteller Sportgeräte, deren Katalogpreis 2.500 Euro beträgt. Im Gegenzug verpflichtet sich der Verein, das nächste Sportturnier nach dem Sportartikelhersteller zu benennen und weitere Werbemaßnahmen durchzuführen.

Der Verein erzielt Werbeeinnahmen. Die Bemessungsgrundlage bemisst sich nach dem Katalog- bzw. Listenpreis der Sportgeräte:	2.500,00 €
Abzüglich der darin enthaltenen Mehrwertsteuer von 19 %:	– 399,16 €
Entgelt:	2.100,84 €

Der Verein erstellt eine Rechnung an den Sportartikelhersteller über Werbemaßnahmen:	2.100,84 €
Zuzüglich 19 % MwSt.	399,16 €
	2.500,00 €

Vorsteuerabzug

Der Verein kann die in Eingangsrechnungen gesondert ausgewiesenen Umsatzsteuerbeträge als Vorsteuer abziehen, wenn diese Einkäufe bzw. in Anspruch genommenen Leistungen den unternehmerischen Bereich des Vereins betreffen und diese Eingangsleistungen in umsatzsteuerpflichtige Ausgangsumsätze eingehen. Beachten Sie die Anforderungen gemäß § 14 UStG an eine ordnungsgemäße Rechnung.

BEISPIEL

Der Golfclub betreibt einen Shop mit Golfartikeln. Die Verkaufserlöse unterliegen der Umsatzsteuer. Die Vorsteuern aus den Wareneinkäufen und den Betriebskosten des Ladens können daher in voller Höhe geltend gemacht werden.

Ein Vorsteuerabzug ist dagegen ausgeschlossen, wenn Gegenstände oder Leistungen für den nichtunternehmerischen Bereich (z.B. Sportgeräte für ideelle Vereinszwecke) angeschafft oder wenn mit den bezogenen Gegenständen oder Leistungen steuerfreie Umsätze (z.B. Material für steuerfreie Kurse) ausgeführt werden.

Vorsteuer-Aufteilung

Vorsteuern aus Eingangsleistungen, die sowohl mit steuerpflichtigen als auch mit steuerfreien Umsätzen in wirtschaftlichem Zusammenhang stehen, müssen aufgeteilt werden, und zwar in einen abziehbaren und einen nicht abziehbaren Teil.

Die Aufteilung der Vorsteuern richtet sich allein nach der Verwendung des bezogenen Gegenstands oder der in Anspruch genommenen Leistung und ist grundsätzlich nach dem Prinzip der wirtschaftlichen Zurechnung vorzunehmen. Bei einer gemischten Verwendung kann die Aufteilung im Wege einer sachgerechten Schätzung ermittelt werden.

BEISPIEL

Ein Sportverein nutzt das Vereinsgebäude zu 60 % für die Gastronomie (steuerpflichtig) und zu 40 % für sonstige Vereinszwecke (steuerfrei). In diesem Fall sind die Vorsteuern aus den allgemeinen Kosten des Gebäudes zu 60 % abzugsfähig.

Vorsteuerpauschalierung

Kleinere Vereine mit einem Umsatz von nicht mehr als 35.000 Euro können nach § 23a UStG ihre abziehbaren Vorsteuern durch Anwendung eines Pauschalsatzes von 7 % auf ihre steuerpflichtigen Umsätze ermitteln.

Bei diesem Verfahren werden die Vorsteuern aus den Eingangsumsätzen nicht gesondert aufgezeichnet. Vielmehr werden die Vorsteuern pauschal in Höhe von 7 % der Summe der Entgelte anerkannt. Dieses Verfahren muss beim Finanzamt beantragt werden und bindet den Verein mindestens für fünf Kalenderjahre. Die Sinnhaftigkeit der Anwendung sollte gut geprüft werden, um Liquiditätsnachteile zu vermeiden.

BEISPIEL

Umsatzsteuerpauschalierung

Ein Verein erzielt im Jahr folgende steuerpflichtige Umsätze:

Erlöse	Brutto-einnahmen	Enthaltene USt	Netto-einnahmen
Eintrittsgelder 7 %	10.000,00	654,21	9.346
Werbung 19 %	12.000,00	1.915,97	10.084
Getränke 19 %	6.000,00	957,98	5.042
Verleih Geräte 7 %	2.000,00	130,83	1.869
	30.000,00	**3.658,99**	**26.341**
Pauschalierung Vorsteuer 7 %		1.843,87	
USt.-Zahllast		**1.815,12**	

Umsatzsteuer-Voranmeldungen

Vereine, die steuerpflichtige Umsätze erzielen, müssen die abzuführende Umsatzsteuer bereits während des Jahres anmelden und an das zuständige Finanzamt abführen. Und zwar hat dies monatlich, wenn die abzuführende Umsatzsteuer mehr als 7.500 Euro jährlich beträgt, ansonsten vierteljährlich zu geschehen.

In der folgenden Abbildung sehen Sie zusammengefasst die wesentlichen Prüfungsschritte zur Umsatzsteuer:

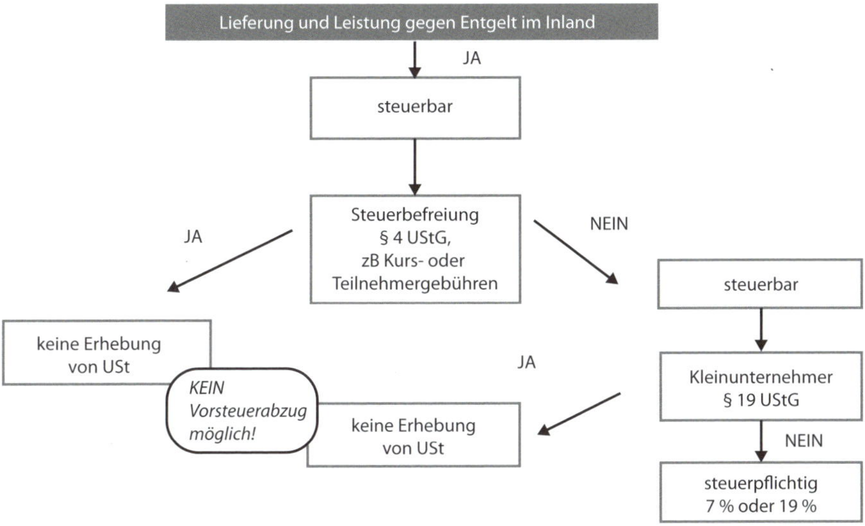

Abb. 3: Prüfungsschema zur Umsatzsteuer (vereinfachte Darstellung ohne innergemeinschaftliche Lieferung / Leistung)

Steuererklärungen

Für die Überprüfung und Anerkennung der Gemeinnützigkeit sowie für das weitere Besteuerungsverfahren ist das Finanzamt zuständig, in dessen Bezirk sich die Geschäftsleitung des Vereins befindet. Das ist regelmäßig der Ort, an dem sich die Geschäftsstelle des Vereins befindet. Bei kleineren Vereinen wird der Ort der Geschäftsleitung häufig mit dem Wohnort des Vereinsvorsitzenden übereinstimmen.

Das Finanzamt hat von Amts wegen die Voraussetzungen der Gemeinnützigkeit – in der Regel im Dreijahresrhythmus – zu prüfen und die tatsächliche Geschäftsführung sowie die steuerlichen Bemessungsgrundlagen zu ermitteln. Die Steuererklärungsfrist läuft bis zum 31.7. des Folgejahres, wenn Sie nicht durch steuerberatende Berufe vertreten werden. Haben Sie einen steuerlichen Vertreter verlängert sich die Frist bis zum 28.2. des Zweitfolgejahres.

Haben sich keine Beanstandungen ergeben, so erteilt das Finanzamt im Veranlagungsverfahren für den überprüften Zeitraum einen Freistellungsbescheid oder bei steuerpflichtigen wirtschaftlichen Aktivitäten einen Körperschaftsteuerbescheid nebst Anlage zur Bestätigung der Gemeinnützigkeit.

ACHTUNG

Beachten Sie, dass bei Nichtabgabe der Körperschaftsteuererklärung regelmäßig ein Schätzbescheid erlassen wird, verbunden mit der Aberkennung der Gemeinnützigkeit. Hier müssen Sie Einspruch innerhalb eines Monats einlegen und als Begründung die Steuererklärungen beifügen.

Elektronische Steuererklärungen

Die Übermittlung der Steuererklärungen an das Finanzamt ist auf elektronischem Weg vorzunehmen. Nur noch in Härtefällen ist eine Abgabe in Papierform erlaubt. Die Finanzverwaltung stellt das kostenfreie Programm **Elster**, mit dem die Steuererklärungen ausgefüllt und übermittelt werden können, zur Verfügung. Auch die Voranmeldungen für Lohnsteuer und Umsatzsteuer sind elektronisch zu übermitteln.

Zur Überprüfung der tatsächlichen Geschäftsführung müssen Sie dem Finanzamt zusammen mit der Steuererklärung weitere Unterlagen vorlegen:

- Aufstellung der Einnahmen und Ausgaben nach den steuerlichen Tätigkeitsbereichen (Ideeller Bereich, Zweckbetrieb usw.),
- Tätigkeitsbericht,
- Vermögensübersicht,
- Nachweise über die Bildung und Entwicklung der Rücklagen, sofern Sie welche gebildet haben.

Tätigkeitsbericht

Der Verein muss einen speziellen Tätigkeitsbericht für das Finanzamt erstellen, wo er darlegt, wie er inhaltlich seine Satzungszwecke erfüllt hat. Die Bedeutung des Tätigkeitsberichts wird in der Praxis oft unterschätzt, doch ohne diesen erhalten Sie die Bestätigung der Gemeinnützigkeit nicht.

Schreiben Sie keine „Romane". Eine Darstellung in Stichpunkten reicht aus. Sachberichte für Fördermittelgeber oder die Rechenschaftsberichte der Mitgliederversammlung sind eher ungeeignet. Es gilt der Grundsatz: maximal eine Seite pro Kalenderjahr. Auch die Anführung von geselligen Veranstaltungen für Mitglieder (z.B. Weihnachtsfeier oder Sommerfeste) dokumentieren nicht die Erfüllung des Satzungszwecks.

Vielmehr führen Kulturvereine ihre kulturellen Veranstaltungen an, Sportvereine ihre sportlichen Veranstaltungen und Sportsparten, Bildungsvereine ihre durchgeführten Kurse, Workshops, Tagungen usw.

TO-DO-LISTE FÜR IHR STEUERLICHES CONTROLLING

(Beachten Sie dazu auch Kapitel 9)

1. Ordnen Sie unterjährig die Einnahmen und Ausgaben den vier Tätigkeitsbereichen zu.
2. Stellen Sie sicher, dass eventuelle Überschreitungen des Schwellenwertes bei der Umsatzsteuer von 22.000 Euro (Kleinunternehmer) und der ertragsteuerlichen Freigrenze von 45.000 Euro im steuerpflichtigen wirtschaftlichen Geschäftsbetrieb regelmäßig kontrolliert werden.
3. Erbringt der Verein eine neue Tätigkeit/Leistung für ein Entgelt oder einen geldwerten Vorteil, prüfen Sie die ertragsteuerliche (Vermögensverwaltung, Zweckbetrieb oder wirtschaftlicher Geschäftsbetrieb) und umsatzsteuerliche Zuordnung (Steuerbefreiung oder Steuersatz).
4. Regeln Sie Ihr unterjähriges steuerliches Controlling (wer und wann?)
5. Checken Sie die Mittelverwendungsfrist, wenn Ihr Verein mehr als 45.000 Euro Einnahmen im Jahr hat.
6. Legen Sie fest, wer die Zuwendungsbestätigungen (Spendenquittungen) ausstellen darf. Stellen Sie die Ablage eines Duplikats sicher.
7. Prüfen Sie bei Zuschüssen, ob es sich um echte oder unechte Zuschüsse (Entgelt) handelt.
8. Prüfen Sie, ob keine gemeinnützigkeitsschädlichen Dauerverluste im steuerpflichtigen wirtschaftlichen Geschäftsbetrieb vorliegen. Das gilt auch, wenn die Einnahmen weit unter der Freigrenze von 45.000 Euro liegen!
9. Überwachen Sie die steuerlichen Erklärungsfristen.

10. Wenn Sie bei einer steuerlichen Würdigung von Sachverhalten unsicher sind, holen Sie sich unbedingt steuerlichen Rat von Experten ein, um unangenehme Überraschungen, wie die Aberkennung der Gemeinnützigkeit oder Steuernachzahlungen, zu vermeiden!

Weitere Erläuterungen, Hinweise und Muster erhalten Sie im Internet unter www.elster.de oder über die Website des Bundesverbands Deutscher Vereine & Verbände – bdvv (www.bdvv.de).

Kapitel 9:

Buchführung und Rechnungslegung - Muss das sein?

Buchführung ist das A und O im Vereinsleben und eine der Grundvoraussetzungen für die Erteilung der Gemeinnützigkeit. Sobald sich das Handeln des Vereins finanziell auswirkt, sei es als Einnahme oder als Ausgabe, muss für die Buchführung ein ordnungsgemäßer Beleg erstellt oder beigebracht werden.

Müssen Buchführung und Rechnungslegung sein? Ja, aber natürlich! Der Vorstand ist sowohl gegenüber der Mitgliederversammlung als auch gegenüber dem Finanzamt zur ordnungsgemäßen Buchführung sowie zur Rechnungslegung verpflichtet. Auch gegenüber Zuschussgebern muss in der Regel Rechenschaft über die Verwendung der Mittel gegeben werden.

Die Buchführung

Über jede finanzielle Aktivität müssen Aufzeichnungen gemacht werden – diese Aufzeichnungen bilden die Grundlage der Buchführung.

Die Buchführung basiert also auf zwei Grundlagen:

- Aufzeichnungen (Belege) über Einnahmen und Ausgaben,
- Zusammenstellung und Ordnung der Geschäftsvorfälle nach sachlichen Gesichtspunkten mithilfe der Buchführung.

Üblicherweise ist der Kassenwart oder die Schatzmeisterin des Vereins für die Buchführung verantwortlich. Je nach Größe des Vereins werden diese die Buchführung selbst erledigen oder beaufsichtigten. Das setzt aber solide buchhalterische und steuerliche Kenntnisse voraus. Bei größeren Vereinen werden die Buchführungsaufgaben aufgeteilt: Verantwortliche erledigen die Bank- und Kassengeschäfte und ordnen die anfallenden Belege. Diese werden sodann regelmäßig dem Steuerberater des Vereins zur Erstellung der Buchführung zugeleitet.

Aufzeichnungspflichten

Durch die Erfüllung der Aufzeichnungspflichten erbringt der Vorstand des Vereins den Nachweis, dass die Geschäftsführung auf der Grundlage der Satzung erfolgt und die steuerlichen Bestimmungen beachtet werden. Dies ist in zweierlei Hinsicht von Bedeutung:

Die Anerkennung der Gemeinnützigkeit durch das Finanzamt umfasst die Prüfung der ordnungsgemäßen Aufzeichnungen über sämtliche Einnahmen und Ausgaben. Alle Einnahmen und Ausgaben müssen daher vollständig erfasst werden. Die Aufzeichnungen müssen der Wahrheit entsprechen und so angelegt sein, dass sie von einem sachverständigen Dritten in angemessener Zeit geprüft werden können.

Der Vorstand ist aber auch gegenüber der Mitgliederversammlung (also im Innenverhältnis) verpflichtet, ordnungsgemäße Aufzeichnungen zu tätigen und Rechenschaft abzulegen. Zivilrechtlich besteht die Pflicht, eine geordnete Zusammenstellung der Einnahmen und Ausgaben vorzulegen (§ 259 BGB).

Die Grundsätze der ordnungsgemäßen Buchführung bedeuten insofern, dass die Aufzeichnungen

- zeitnah, also laufend erfolgen,
- vollständig und richtig sein und
- ausreichend erläutert sein

müssen.

BEISPIEL

Eine Abrechnung über die Fahrtkosten des Besuchs einer Fortbildungsveranstaltung muss den Tag und den Anlass der Reise und die gefahrenen Kilometer enthalten. Die Vorlage einer Tankrechnung ist kein ausreichender Nachweis für die Entstehung eines Aufwands des Vereins. Eine Erstattung ist somit nicht zulässig.

Im Zuge der Buchführung müssen die Einnahmen und Ausgaben des Vereins erfasst und nach sachlichen Gesichtspunkten geordnet zusammengefasst und angegeben werden. Grundlage der Buchführung ist somit ein Ordnungsschema (Kontenplan), anhand dessen gleichartige Einnahmen und Ausgaben immer auf die gleiche Weise gebucht werden können. Überlegen Sie, nach welchem Schema die Zahlen für Sie aussagekräftig sind, und stellen Sie den Kontenplan entsprechend auf.

Die Buchführung soll auch verlässliche Zahlen als Grundlage für die Entscheidung des Vorstands und für seine Planungen liefern. Gut aufbereitete Zahlen zeichnen sich insofern auch dadurch aus, dass sie mit denen früherer Vereinsjahre oder mit Zahlen anderer Vereine vergleichbar sind.

BEISPIEL

Für die Buchung der Reisekosten der Vorstandsmitglieder bieten sich zwei Möglichkeiten an:

- Sie können in der Rubrik „Vorstandstätigkeit“ erfasst werden, damit die Gesamtkosten des Vorstands transparent sind.
- Sie können aber besser auch nach der jeweiligen Veranlassung auf den Konten „Fortbildung“, „Verwaltung“ oder „Öffentlichkeitsarbeit“ gebucht werden.

Der Kontenplan erfüllt einen Teil der Grundsätze ordnungsgemäßer Buchführung, denn er gewährleistet, dass sich ein sachverständiger Dritter (Kassenprüferin, Prüfer des Finanzamts) ohne Schwierigkeiten zurechtfindet und dass bei einem Wechsel des Buchhalters die Buchhaltung kontinuierlich weitergeführt werden kann.

Aufbewahrungsfristen

Die Grundsätze der Ordnungsmäßigkeit der Buchführung wurden bereits angesprochen. Zu diesen Grundsätzen gehört auch die geordnete Aufbewahrung sämtlicher Unterlagen, soweit sie ein Teil der Buchführung sind, für die Dauer von zehn Jahren.

Der Aufbewahrungspflicht für zehn Jahre unterliegen insbesondere:

- die Belege der Buchführungsunterlagen einschließlich der Grundaufzeichnungen wie die Kassenbücher oder die Summenbons der Registrierkasse der eigenen Gastronomie,
- die Buchführung selbst einschließlich der Organisationsanweisungen und die daraus entwickelten Jahresabschlüsse und Erläuterungen sowie
- Kopien der ausgestellten Zuwendungsbestätigungen mit den dazugehörigen Nachweisen bei Sachspenden.

Andere Belege wie den empfangenen oder abgesandten Schriftverkehr müssen Sie für die Dauer von sechs Jahren, beginnend mit dem Ende des Vereinsjahrs, aufbewahren. Digitale Belege müssen Sie auch digital aufbewahren!

Rechnungslegung

Als Vorstand sind Sie verpflichtet, gegenüber der Mitgliederversammlung für das abgelaufene Vereinsjahr Rechenschaft abzulegen (§ 666 i.V.m. § 259 BGB).

Auch das Finanzamt fordert eine jährliche Rechnungslegung in Form einer Einnahmen-Überschuss-Rechnung oder als Jahresabschluss mit Bilanz und Gewinn- und Verlustrechnung.

Rechnungslegung für die Mitglieder

Die wenigsten Mitglieder verstehen die Zahlen der Rechnungslegung auf Anhieb. Daran sollten Sie denken und die Zahlen so verständlich wie möglich präsentieren. Zu viele Detailpositionen führen zu einem „Zahlen-Salat" und damit zu Verwirrung.

Sinnvoll ist eine Zahlendarstellung unter Angabe der entsprechenden Vorjahreszahlen. Falls in Ihrem Verein dem Vorstand ein Haushaltsplan vorgegeben wird, sollten auch diese Zahlen angegeben werden. Ein Haushaltsplan wird zu Beginn des Jahres aufgestellt und gibt dem Vorstand einen Rahmen für die Einnahmen und Ausgaben vor.

MUSTER

Rechnungslegung 2021

	Abschluss 2021	Haushalts-plan 2021	Zum Vergleich: Abschluss 2020
EINNAHMEN			
Mitgliedsbeiträge	25.000,00	23.000,00	22.000,00
Spenden	5.000,00	5.000,00	10.000,00
Sommerfest	4.000,00	3.000,00	3.000,00
Kursgebühren	25.000,00	22.000,00	20.000,00
Sponsoring	10.000,00	5.000,00	5.000,00
	69.000,00	**58.000,00**	**60.000,00**

AUSGABEN			
Personalkosten Geschäftsstelle	11.480,00	6.000,00	5.800,00
Personalkosten Übungsleiter	31.450,00	23.000,00	21.680,00
Kosten Veranstaltungen	12.600,00	10.900,00	9.800,00
Raumkosten	9.000,00	9.000,00	9.000,00
Beiträge Landesverband	3.000,00	2.900,00	2.850,00
Kosten Vorstand	2.500,00	2.000,00	2.000,00
Sommerfest	600,00	500,00	500,00
Verwaltungskosten	1.800,00	1.600,00	1.400,00
	72.430,00	**55.900,00**	**53.030,00**
ÜBERSCHUSS/ VERLUST	**-3.430,00**	**2.100,00**	**6.970,00**

Diese Tabelle macht deutlich, dass die Zahlen des Rechnungsabschlusses durch den direkten Vergleich mit den Vorjahreszahlen und den Planungszahlen „zu leben" beginnen und so verständlich werden. Wir wollen es in einer kurzen Analyse verdeutlichen:

- Die Mitgliedsbeiträge des Vereins sind gestiegen, sogar über die Planung hinaus. Bei unveränderter Höhe der Beiträge ist somit die Zahl der Mitglieder gewachsen. Ein Beweis, dass der Verein erfolgreich arbeitet.
- Die Einnahmen aus der Abhaltung von Kursen sind überproportional um 25 % von 20.000 auf 25.000 Euro gestiegen.
- Die Spenden im Vorjahr waren aufgrund der breiten Spendenbereitschaft im „Corona-Jahr" höher.
- Warum ist der Jahresüberschuss bei gestiegenen Einnahmen gesunken? Dieser ist zwar nicht stark gesunken, aber das Ergebnis ist zu hinterfragen, die Zahlen liefern Ihnen die Erklärung:
  - Die Mitarbeiter in der Geschäftsstelle hatten durch den Mitgliederzuwachs und das erweiterte Kursangebot mehr zu tun, das führte zu gestiegenen Personalkosten.
  - Die Übungsleitervergütungen und die Kosten des Übungsbetriebs stiegen stärker an. Hier sind Sie gefordert zu prüfen, ob die Kostensteigerung eine unumgängliche Folge der zusätzlichen Vereinsangebote war oder ob Sie eine Erhöhung der Kursgebühren oder Mitgliedsbeiträge ins Auge fassen sollten.

Rechnungslegung gegenüber dem Finanzamt

Die Einnahmen und Ausgaben in den unterschiedlichen Vereinsbereichen. Im Ertragsteuerrecht wird der Mitgliederbereich von Vereinen, und zwar auch dann, wenn sie nicht als gemeinnützig anerkannt sind, von der Besteuerung befreit. Demzufolge sind die Vereinsaktivitäten eines nicht gemeinnützigen Vereins zu unterteilen in einen nicht-unternehmerischen Mitgliederbereich und einen unternehmerischen Bereich, soweit der Verein wirtschaftlich tätig wird.

Die Aufteilung der gemeinnützigen Vereine ist weitergehend, weil nicht nur der Mitgliederbereich steuerbefreit ist. Darüber hinaus wird der Bereich der Vermögensverwaltung befreit und die Aktivitäten im Zweckbetrieb. In der Buchführung werden die Vereinsbereiche wie folgt unterteilt:

- ➜ Ideeller Bereich (Einnahmen sind die Mitgliedsbeiträge, Spenden und allgemeinen Zuschüsse; Aufwendungen sind diejenigen Beträge, die mit diesen Einnahmen in Zusammenhang stehen)
- ➜ Vermögensverwaltung (Einnahmen und Ausgaben im Zusammenhang mit der Nutzung und Verwertung des eigenen Vermögens)
- ➜ Wirtschaftlicher Geschäftsbetrieb (Einnahmen, die durch eine selbstständige nachhaltige Tätigkeit, die über den Rahmen einer Vermögensverwaltung hinausgeht, erzielt werden). Steuerbegünstigt sind sogenannte Zweckbetriebe (vgl. Kapitel 8).

Die Aufteilung der Betriebsausgaben

Die Ausgaben des Vereins sind den einzelnen Bereichen zuzuordnen, soweit sie sachlich mit den vorgenannten Einnahmen im Zusammenhang stehen. Ausgaben, die mehreren Bereichen zuzuordnen sind, sind aufzuteilen – gegebenenfalls im Wege einer sachgerechten Schätzung.

In der Regel werden Sie daran interessiert sein, möglichst viele Ausgaben dem wirtschaftlichen Geschäftsbetrieb zuzuordnen, weil Sie damit den Gewinn drücken und die Körperschaft- und Gewerbesteuerbelastung senken können.

Die Finanzverwaltung hat hier jedoch einen Riegel vorgeschoben. Bei sogenannten gemischten Aufwendungen, die verschiedenen Bereichen zuzuordnen sind, ist eine Berücksichtigung bei der Gewinnermittlung des steuerpflichtigen wirtschaftlichen Geschäftsbetriebs nur zulässig, wenn und soweit die Aufwendungen ohne diesen Betrieb nicht oder zumindest nicht in dieser Höhe angefallen wären.

BEISPIEL

Die Musikschule Wunstorf e.V. verkauft im Rahmen eines Konzerts Getränke. Die Kosten der Veranstaltung wären auch ohne diesen Getränkeverkauf angefallen. Daher werden die Veranstaltungsaufwendungen nicht – auch nicht teilweise – beim Getränkeverkauf abgezogen.

Ein anteiliger Abzug von gemischten Aufwendungen im steuerpflichtigen Bereich kommt jedoch dann in Betracht, wenn sich der auf diesen Bereich entfallende Anteil nach objektiven und sachgerechten Maßstäben ermitteln lässt.

BEISPIEL

Die Raumpflegerin reinigt sowohl die Geschäftsstelle (ideeller Bereich) als auch die selbst betriebene Vereinsgaststätte (wirtschaftlicher Geschäftsbetrieb). Der Arbeitslohn lässt sich sachgerecht im Verhältnis der anteiligen Arbeitszeit aufteilen. Der anteilige Arbeitslohn ist somit als Betriebsausgabe des steuerpflichtigen Bereichs abzugsfähig.

Die dargestellten Grundsätze gelten auch für die im Folgenden noch gesondert dargestellte Absetzung für Abnutzung.

Absetzung für Abnutzung (AfA)

Die Anschaffungs- oder Herstellungskosten von Wirtschaftsgütern, die im steuerpflichtigen wirtschaftlichen Geschäftsbetrieb genutzt werden und deren Nutzungsdauer mehr als ein Jahr beträgt (z.B. Vereinsgeräte, Fahrzeuge, Gebäude), dürfen bei der Ermittlung der Ausgaben grundsätzlich nicht in vollem Umfang im Jahr der Anschaffung oder Herstellung berücksichtigt werden. Sie sind vielmehr mit einem jährlichen Anteil, der der betriebsgewöhnlichen Nutzungsdauer des Wirtschaftsguts entspricht, anzusetzen, das heißt abzuschreiben (Absetzung für Abnutzung).

BEISPIEL

Ein gemeinnütziger Verein erwirbt eine PC-Anlage für 1.500 Euro zuzüglich 285 Euro Umsatzsteuer. In der Gewinnermittlung ist die Anschaffung wie folgt zu berücksichtigen:

Umsatzsteuer als Aufwand:	285,00 €
Absetzung für Abnutzung (AfA) PC-Anlage:	1.500,00 €
AfA bei Nutzungsdauer 4 Jahre:	375,00 €

Eine Ausnahme gilt für sogenannte geringwertige Wirtschaftsgüter (GWG), deren Anschaffungs- oder Herstellungskosten bei Anschaffung oder Herstellung nicht mehr als 800 Euro netto (ohne Vorsteuer) betragen. Sie können im Anschaffungsjahr voll abgeschrieben werden. Diese Wirtschaftsgüter sind in einem besonderen Verzeichnis aufzuführen. GWG können als sofortiger Aufwand ohne besondere Erfassung bis netto 250 Euro verbucht werden.

Der Verein kann wahlweise bei Wirtschaftsgütern mit Anschaffungskosten von mehr als 250 Euro bis zu 1.000 Euro diese einheitlich in einen jahresbezogenen Sammelposten einstellen und die Summe mit jährlich 20 % abschreiben.

BEISPIEL

Die Musikschule Wunstorf schafft mehrere Musikinstrumente im Gesamtwert von 4.000 Euro an, deren Anschaffungskosten jeweils zwischen 150 und 1.000 Euro liegen. Der Sammelposten beträgt 4.000 Euro und wird fünf Jahre lang mit jährlich 800 Euro als Aufwand berücksichtigt.

Die Darstellung der Rechnungslegung nach steuerrechtlichen Maßstäben

Für das Finanzamt müssen Sie die Zahlen den steuerrechtlichen Bereichen zuordnen. Die Rechnungslegung hat nun folgendes Aussehen:

MUSTER

Steuerliche Rechnungslegung 2021

Steuerliche Bereiche		
Ideeller Bereich Einnahmen		
Mitgliedsbeiträge	5.000,00	
Spenden	25.000,00	30.000,00
Ideeller Bereich Ausgaben		
Personalkosten Geschäftsstelle	4.592,00	
Personalkosten Übungsleiter	15.725,00	
Kosten Veranstaltungen	6.300,00	
Raumkosten	3.600,00	
Beiträge Landesverband	3.000,00	
Kosten Vorstand	2.500,00	
Verwaltungskosten	720,00	36.437,00
Ergebnis ideeller Bereich		**- 6.437,00**
Vermögensverwaltung Einnahmen		
Zinsen	500,00	
Sponsoring	5.000,00	5.500,00
Vermögensverwaltung Ausgaben		
Personal-, Raum- und Verwaltungskosten	4.456,00	4.456,00
Ergebnis Vermögensverwaltung		**1.044,00**
Zweckbetrieb Einnahmen		
Kursgebühren	25.000,00	25.000,00
Zweckbetrieb Ausgaben		
Personalkosten Geschäftsstelle	2.296,00	
Personalkosten Übungsleiter	15.725,00	
Kosten Veranstaltungen	6.300,00	
Raumkosten	1.800,00	
Verwaltungskosten	360,00	26.481,00
Ergebnis Zweckbetrieb		**- 1.481,00**

Wirtschaftlicher Geschäftsbetrieb Einnahmen		
Sommerfest	4.000,00	
Sponsoring	5.000,00	9.000,00
Wirtschaftlicher Geschäftsbetrieb Ausgaben		
Personalkosten Geschäftsstelle	2.296,00	
Raumkosten	1.800,00	
Sommerfest	600,00	
Verwaltungskosten	360,00	5.056,00
Ergebnis wirtschaftlicher Geschäftsbetrieb		**3.944,00**

Das Ergebnis des wirtschaftlichen Geschäftsbetriebs unterliegt der Einkommensbesteuerung, sofern die Einnahmen einschließlich Umsatzsteuer höher sind als 45.000 Euro im Jahr. Im vorliegenden Beispiel betragen die Einnahmen 9.000 Euro, sodass eine Besteuerung des Gewinns entfällt (§ 64 Abs. 3 AO). (Näheres zur Besteuerung siehe Kapitel 8).

Mittelverwendungsrechnungen

Im Gemeinnützigkeitsrecht werden zusätzlich neben der vorstehenden beschriebenen steuerlichen Rechnungslegung Nachweise darüber verlangt, dass der Verein alle gesetzlichen Bestimmungen eingehalten hat. Sofern sich die geforderten Angaben nicht aus dem Jahresabschluss ergeben, müssen Sie in Nebenrechnungen aufzeigen, dass Ihre Gelder für den vorgeschriebenen Zweck verwendet worden sind. Diese Mittelverwendungsrechnungen können beinhalten:

- ➜ Erläuterungen zu den Aufteilungen von Ausgaben,
- ➜ einen Nachweis über die Bildung und Auflösung von Rücklagen,
- ➜ einen Nachweis über die Verwendung von Spenden,
- ➜ ein Anlagenverzeichnis über getätigte Anschaffungen und deren Verbleib,
- ➜ einen Nachweis über die Deckung von Verlusten im wirtschaftlichen Geschäftsbetrieb,
- ➜ einen Nachweis über die Verwendung von Investitionsumlagen.

Ein Verstoß gegen die Pflicht, die Mittel zeitnah zu verwenden, hat grundsätzlich den Verlust der Steuerbegünstigung für den betreffenden Veranlagungszeitraum, in dem die unzulässige Ansammlung von Mitteln anhält, zur Folge. Das Finanzamt muss dem Verein aber eine angemessene Frist zur Verwendung für steuerbegünstigte Zwecke setzen.

Rücklagen

Der gemeinnützige Verein muss seine Mittel laufend – sprich: zeitnah – für die satzungsmäßigen Zwecke verwenden. Eine zeitnahe Mittelverwendung ist gegeben, wenn die Mittel spätestens in den auf den Zufluss folgenden zwei Kalender- oder Wirtschaftsjahren für die steuerbegünstigten satzungsmäßigen Zwecke verwendet werden. Das gilt nicht für Vereine mit jährlichen Einnahmen von nicht mehr als 45.000 Euro.

Als zeitnahe Mittelverwendung gilt auch die Anschaffung oder Herstellung von Wirtschaftsgütern, die der Verwirklichung der gemeinnützigen Satzungszwecke dienen, oder die Bildung von zulässigen Rücklagen.

BEISPIEL

Der Kulturverein Wunstorf e.V. will sein Angebot um eine eigene Bläsergruppe erweitern. Es werden verschiedene Instrumente (Trompete, Tuba, Klarinette) angeschafft.

Die langfristige Nutzung der Instrumente ist kein Widerspruch zur zeitnahen Mittelverwendung, da die Instrumente unmittelbar für die Zweckerfüllung benötigt werden.

In besonders gelagerten Fällen ist es zulässig, die Mittel nicht sofort auszugeben, sondern sie zunächst einer zweckgebundenen Rücklage zuzuführen (§ 62 Abs. 1 Nr. 1 und 2). Voraussetzung für eine solche Rücklagenbildung ist in jedem Fall, dass ohne sie die steuerbegünstigten satzungsmäßigen Zwecke nachhaltig nicht erfüllt werden können. Die Mittel müssen für bestimmte Vorhaben angesammelt werden, für deren Durchführung bereits konkrete Zeitvorstellungen bestehen.

Rücklagen sind unter anderem zulässig für:

- Ansparungen für größere Anschaffungen, z.B. für die Errichtung, Erweiterung oder Instandsetzung einer Sportanlage,

- die beabsichtigte Wiederbeschaffung von vorhandenen Wirtschaftsgütern in Höhe der Absetzung für Abnutzungen,
- die Durchführung einer größeren Veranstaltung,
- die Ausrichtung eines Feriencamps für Jugendliche.

Zulässige Rücklagen sind darüber hinaus:

- Das Vorhalten von Liquidität für die Bezahlung periodisch wiederkehrender Kosten des laufenden Vereinsbetriebs (Personalkosten, Raumkosten, Verwaltung) für max. ein Jahr als Betriebsmittelrücklage.

Eine besondere Form der Rücklage wird in § 62 Abs. 1 Nr. 3 AO zugelassen. Zur dauerhaften Finanzierung der Vereinsarbeit dürfen Sie Überschüsse in einem bestimmten Umfang in eine freie Rücklage einstellen.

Die Höhe der Zuführung dürfen Sie wie folgt ausschöpfen:

- Ein Drittel der Überschüsse aus Vermögensverwaltung,
- zehn Prozent der Überschüsse aus dem Zweckbetrieb und
- aus dem wirtschaftlichen Geschäftsbetrieb,
- zehn Prozent der Bruttoeinnahmen (!) des ideellen Bereichs.

Wird der jährliche Höchstbetrag der Mittel, die in die freie Rücklage hätten eingestellt werden können, in einem Jahr nicht ausgeschöpft, können Mittel in Höhe des nicht ausgeschöpften Betrags zusätzlich in den beiden Folgejahren in die freie Rücklage eingestellt werden.

Die Bildung von Rücklagen ist spätestens innerhalb von zwei Jahren vorzunehmen. Sobald der Grund für eine Rücklagenbildung entfallen ist, sind die freigewordenen Mittel für die Satzungszwecke zu verwenden.

Nachstehend ein Beispiel für die Darstellung der Rücklagenentwicklung:

BEISPIEL

Rücklagen-Darstellung

	Stand 1.1.2020	Verbrauch 2020	Auflösung / Zuführung 2020	Stand 31.12.2021
Freie Rücklage	12.000,00	0,00	+ 3.000,00	15.000,00
Sanierung Vereinshaus	22.000,00	0,00	+ 5.000,00	27.000,00
100-Jahre-Jubiläum	15.000,00	15.000,00		0,00
Anschaffungen Verwaltung	1.500,00	1.000,00	+ 2.000,00	2.500,00
Betriebsmittelrücklage	10.000,00	10.000,00	+ 12.000,00	12.000,00
	60.500,00	26.000,00	22.000,00	56.500,00

Die Bildung und Verwendung der Mittel für die Rücklagen sind dem Finanzamt im Einzelnen zu erläutern.

Werden in dem vorgenannten Zeitraum von zwei Jahren die zulässigen Höchstbeträge für die Bildung einer freien Rücklage nicht ausgeschöpft, ist eine spätere Nachholung nicht mehr zulässig. Die Freie Rücklage braucht während des Bestehens des Vereins nicht aufgelöst zu werden. Da die Freie Rücklage der Höhe und der Zeit nach unbegrenzt ist und es keiner Zweckbestimmung bedarf (*Freie* Rücklage), sollten Sie immer zuerst die Möglichkeit einer Bildung oder Erhöhung der Freien Rücklage prüfen.

Wichtige Hinweise zu Ihrer Finanzbuchhaltung

- Die Belege in Papierform oder in elektronischer Form sollten zeitnah gesichtet und abgelegt werden, möglichst innerhalb von zehn Tagen. Eine IT-technische Erfassung kann auch zu einem späteren Zeitpunkt erfolgen.
- Vermeiden Sie auch als Einnahmenüberschussrechner die Buchhaltung mit Excel. In diesen Formaten ist es kaum möglich, nachträgliche Änderungen sicher zu dokumentieren, was die Grundsätze ordnungsgemäßer Buchführung aber verlangen. Gerade wenn Ihr Verein mehr als 22.000 EUR Einnahmen p.a. hat (Schwellenwert Kleinunternehmer i.S. des UStG), sollten Sie dies tunlichst vermeiden, um nicht in die Gefahr einer Verwerfung der Buchhaltung durch die Finanzverwaltung zu geraten.
- Digitale Rechnungen sind elektronisch aufzubewahren.

- Der Prozess der Erfassung, Ablage und Verbuchung sollte in einer Verfahrensdokumentation geregelt sein.
- Der Gesetzgeber verlangt die Aufbewahrung aller Rechnungen über einen Zeitraum von zehn Jahren. In diesem Zeitraum müssen Sie die Archivierung analog oder digital sicherstellen. Die Frist beginnt mit Ablauf des Kalenderjahres der Rechnungserstellung oder des Rechnungsempfangs zu laufen.
- Wenn Sie ein Kassenbuch führen, muss es tagesaktuell sein und einen täglichen Kassensturz gewährleisten (Übereinstimmung des tatsächlichen Geldbestands mit dem buchmäßigen Geldbestand).
- Wenn Sie Verwendungsnachweise über Zuschüsse erstellen müssen, sollten Sie das über eine Kostenstellenrechnung vornehmen (Projekt = Kostenstelle), um eine Übersichtlichkeit der Finanzbuchhaltung zu bewahren. Bedenken Sie, dass das Steuer- und Zuwendungsrecht zwei vollkommen verschiedene Regelungssysteme sind. So ist z.B. der Begriff „Eigenmittel" ein zuwendungsrechtlicher Begriff, der im Steuerrecht nicht zu finden ist.
- Bei der Einrichtung der Finanzbuchhaltung und der Suche nach der richtigen Buchhaltungssoftware stellen Sie sich stets die Frage: Wer braucht wann welche Informationen?

Kapitel 10:

Haftung im Verein und Vermeidungsstrategien

Das Thema Haftung wird bei vielen Vorständen geradezu verdrängt. Da sowohl der Verein als auch der Vorstand des Vereins in Haftung genommen werden können, sollten Sie dieses Thema aktiv angehen. Nur so können Sie eine Haftung vermeiden.

Die Haftung im Verein ist äußerst komplex und Haftungsfragen können nicht immer einfach beantwortet werden. So kann zwischen interner und externer Haftung unterschieden werden, aber auch zwischen vertraglicher und deliktischer Haftung. Die gute Nachricht: Weder der Vorstand noch die Mitglieder haften für Schulden des Vereins.

BEISPIEL

Der Vorstand des Sportvereins Musterstadt e.V. will eine Sporthalle bauen und schließt einen Darlehensvertrag ab. Nach einigen Jahren kann der Verein aufgrund von wirtschaftlichen Schwierigkeiten das Darlehen nicht mehr bedienen. Weder der Vorstand noch die Mitglieder haften für die Darlehensschulden.

Haftungsgefahren

Kommen jedoch Personen oder Sachen zu Schaden oder wird das Vermögen geschädigt, kann dies eine deliktische Haftung auslösen. Auch wenn die persönliche Haftung des ehrenamtlich tätigen Vorstands oder Mitglieds in gewissen Konstellationen gesetzlich auf vorsätzlich oder grob fahrlässiges Verhalten beschränkt ist, kann die Inanspruchnahme durch den Verein oder durch Dritte drohen, wenn ein Schadensfall eintritt.

Im Vereinsbereich gibt es keine typischen Haftungsgefahren. Die häufigsten Haftungsfälle entstehen aus der unachtsamen Amtsausübung des Vorstands. Auf welcher Grundlage der Verein oder der Vorstand in Anspruch genommen werden, ergibt sich häufig aus der Eigenart des Vereins. Bei einem Sportverein bestehen andere Risiken als bei einem Gesangsverein.

Es ist wichtig, dass Sie Ihren Verein und seine Aktivitäten genau kennen. Stellen Sie sich folgende Fragen:

- Welche Aktivitäten üben wir als Verein aus?
- Nutzen wir ein Vereinsheim oder eine Sportstätte?
- Beschäftigen wir als Verein Arbeitnehmer?
- Wie verarbeiten wir personenbezogene Daten und wie treten wir im Internet auf?
- Veranstalten wir Vereinsfeste?

Schon bei der Beantwortung dieser Fragen wird klar, wo Gefahren lauern können.

Gesetzliche Grundlagen des Deliktsrechts

Warum Sie oder Ihr Verein überhaupt für einen Schaden aufkommen müssen, ergibt sich aus § 823 BGB:

§ 823 BGB (SCHADENSERSATZPFLICHT)

(1) Wer vorsätzlich oder fahrlässig das Leben, den Körper, die Gesundheit, die Freiheit, das Eigentum oder ein sonstiges Recht eines anderen widerrechtlich verletzt, ist dem anderen zum Ersatz des daraus entstehenden Schadens verpflichtet.

(...)

Der Verein ist rechtlich gesehen eine juristische Person. Da er nur durch seine Organe, den Vorstand, handeln kann, sieht das Gesetz in § 31 BGB vor, dass eine Schadensverursachung des Vorstands dem Verein zugerechnet wird. Er ist dann hierfür verantwortlich.

§ 31 BGB (HAFTUNG DES VEREINS FÜR ORGANE)

Der Verein ist für den Schaden verantwortlich, den der Vorstand, ein Mitglied des Vorstands oder ein anderer verfassungsmäßig berufener Vertreter durch eine in Ausführung der ihm zustehenden Verrichtungen begangene, zum Schadensersatz verpflichtende Handlung einem Dritten zufügt.

BEISPIEL

Der Verein Musikschule Wunstorf e.V. ist Eigentümer einer Immobilie, welche für Musikunterricht und Konzerte genutzt wird. Erforderliche Instandsetzungsarbeiten müssen durch den Vorstand beauftragt werden, was er jedoch aus Unachtsamkeit unterlässt. Wenn sich nun jemand dort verletzt, kann er sich an den Verein wenden.

Auch wenn der Wortlaut der Vorschrift nur den Vorstand oder einen anderen verfassungsmäßig berufenen Vertreter benennt, ist diese Regelung durch die Rechtsprechung erheblich ausgeweitet worden.

Der Verein kann für das Handeln der folgenden Personen verantwortlich gemacht werden:

- **Vorstand:** Gemeint ist nur der geschäftsführende Vorstand nach § 26 BGB. Hierbei handelt es sich um die Vorstandsmitglieder, welche im Vereinsregister eingetragen sind.
- **Besondere Vertreter:** Neben dem Vorstand kann die Satzung auch andere ermächtigen, für ihn zu handeln. Sofern ein sogenannter besonderer Vertreter bestellt wurde, ist der Verein auch für sein Handeln verantwortlich. Häufig werden durch Vereine Geschäftsführer bestellt, welche besondere Vertreter nach § 30 BGB sind. Diese werden auch im Vereinsregister eingetragen.
- **Sonstige Vertreter:** Die Rechtsprechung lässt es für eine Inanspruchnahme des Vereins auch genügen, dass dem Vertreter eine Funktion zur selbstständigen und eigenverantwortlichen Erfüllung zugewiesen wurde und er so den Verein repräsentiert. Es ist somit erforderlich, dass der Verein einer (oder mehreren) Person(en) eine bestimmte Aufgabe zuweist. Diese Zuweisung kann durch einen Beschluss des Vorstands oder der Mitgliederversammlung erfolgen.

BEISPIEL

Der Vorsitzende des Organisationsausschusses für die Durchführung eines sportlichen Wettkampfs wird als verantwortlicher Vereinsrepräsentant angesehen, auch wenn er kein Vorstandsmitglied ist.

Der Schadensfall

Nicht jedes Ereignis führt dazu, dass der Verein in Anspruch genommen werden kann. Der Schaden muss in Ausführung der Vereinstätigkeit passiert sein. So muss beispielsweise der Vorsitzende gerade als Vorsitzender und nicht als Privatperson den Schaden verursacht haben.

Hierbei kann auch ein „Unterlassen" ausreichend sein, wenn für den Verein eine Pflicht zum Handeln bestand. Dies wird häufig bei Verkehrssicherungspflichten der Fall sein. Verkehrssicherungspflichten bestehen dann, wenn eine Gefahrenquelle geschaffen oder unterhalten wird. Hat beispielsweise Ihr Verein ein eigenes Vereinsheim, muss dieses verkehrssicher sein; kein Besucher darf sich verletzen. Das fängt bei einer Schneeräumpflicht an und hört bei einem rutschigen Boden noch lange nicht auf.

Der dem Verein obliegende Aufgabenbereich muss so organisiert werden, dass eine Überwachung und Beaufsichtigung gewährleistet ist, sodass keine Gefahren von ihr ausgehen.

BEISPIEL

Im Rahmen einer Leichtathletikveranstaltung müssen Sie sicherstellen, dass ein Diskus nicht in den Zuschauerbereich fliegen kann.

Der Vorstand muss dafür Sorge tragen, dass alle wichtigen Bereiche betreut werden und dass die betreffenden Personen sorgfältig ausgewählt, angeleitet und überwacht werden. Bei Unterlassen wird ein Organisationsmangel angenommen, für welchen der Verein verantwortlich ist.

Haftung für Verrichtungsgehilfen

Ihr Verein kann auch in Anspruch genommen werden, wenn nicht ein Vorstandsmitglied, sondern eine andere Person bei ihrer Tätigkeit für den Verein einen Schaden verursacht hat (§ 831 BGB). Das Gesetzt spricht hier von einem Verrichtungsgehilfen.

BEISPIEL

Der Platzwart beschädigt mit dem Rasenmäher beim Rangieren ein abgestelltes Fahrrad.

Der Verein wird jedoch nicht in Anspruch genommen, wenn er darlegen kann, dass er bei der Auswahl der handelnden Person die „im Verkehr erforderliche Sorgfalt“ beachtet hat. Im vorliegenden Beispiel haftet der Verein also nicht, wenn er bei der Einstellung des Platzwartes darauf geachtet hat, dass dieser die erforderlichen Kenntnisse für seine Tätigkeit hat. Eine mögliche Haftung des Platzwartes bleibt aber möglich.

Die Haftung von Organmitgliedern und besonderen Vertretern

Die Mitglieder von Vereinsorganen oder besondere Vertreter haften, wenn sie ihre Pflichten nicht oder schlecht erfüllen, also Fehler begehen.

Haftungsbeschränkung für ehrenamtlich tätige Organmitglieder und besondere Vertreter

Häufig hört man, dass Vorstände von Vereinen oder andere Mitglieder von Vereinsorganen nicht haften würden, da sie nur ehrenamtlich tätig sind. Dies ist ein Irrglaube: Auch der ehrenamtlich Tätige haftet mit seinem Privatvermögen. Jedoch sind ehrenamtlich tätige Organmitglieder und besondere Vertreter bei leicht fahrlässig begangenen Pflichtverletzungen gesetzlich geschützt.

Voraussetzung für diese Haftungserleichterung ist, dass die Organmitglieder oder der besondere Vertreter ehrenamtlich tätig sind oder maximal 840 Euro für ihre Tätigkeit erhalten.

Auszug aus dem BGB:

§ 31A BGB

Haftung von Organmitgliedern und besonderen Vertretern

(1) Sind Organmitglieder oder besondere Vertreter unentgeltlich tätig oder erhalten sie für ihre Tätigkeit eine Vergütung, die 840 Euro jährlich nicht übersteigt, haften sie dem Verein für einen bei der Wahrnehmung ihrer Pflichten verursachten Schaden nur bei Vorliegen von Vorsatz oder grober Fahrlässigkeit. Satz 1 gilt auch für die Haftung gegenüber den Mitgliedern des Vereins. Ist streitig, ob ein Organmitglied oder ein besonderer Vertreter einen Schaden vorsätzlich oder grob fahrlässig verursacht hat, trägt der Verein oder das Vereinsmitglied die Beweislast.

(2) Sind Organmitglieder oder besondere Vertreter nach Absatz 1 Satz 1 einem anderen zum Ersatz eines Schadens verpflichtet, den sie bei der Wahrnehmung ihrer Pflichten verursacht haben, so können sie von dem Verein die Befreiung von der Verbindlichkeit verlangen. Satz 1 gilt nicht, wenn der Schaden vorsätzlich oder grob fahrlässig verursacht wurde.

- Diese Haftungsbeschränkung greift nicht bei einem vorsätzlich oder grob fahrlässig verursachten Schaden.
- Ein vorsätzliches Handeln liegt vor, wenn der Vorstand den Schaden vorausgesehen hat und diesen auch so verwirklichen wollte („Wissen und Wollen"), jedenfalls billigend in Kauf nimmt.

BEISPIEL

Der Vorstand eines gemeinnützigen Vereins informiert sich nicht darüber, welche Voraussetzungen hierbei zu beachten sind. Dem Verein wird dadurch der Status der Gemeinnützigkeit aberkannt, wodurch der Verein Steuern und Abgaben nachzahlen muss.

- Eine grobe Fahrlässigkeit liegt vor, wenn die im Verkehr erforderliche Sorgfalt in besonders schwerem Maße verletzt wurde. Wenn man „Das darf nicht vorkommen" sagen kann, liegt eine grobe Fahrlässigkeit vor.

BEISPIEL

Der Vorstand eines Radrennvereins versäumt, bei der Durchführung eines Rennens für eine ausreichende Zahl von Streckenposten zu sorgen, sodass Fußgänger auf die Strecke laufen und verletzt werden.

Die Entlastung des Vorstands

Eine große Bedeutung im Bereich der Haftung hat die Entlastung des Vorstands.

Wenn der Vorstand durch die Mitgliederversammlung entlastet wird, ist in der erteilten Entlastung ein Verzicht auf die Geltendmachung von Ansprüchen gegenüber dem Vorstand zu sehen. Die Entlastung kann durch die Mitgliederversammlung jedoch nur wirksam erteilt werden, wenn alle erforderlichen Unterlagen vollständig vorgelegen haben und die Mitgliederversammlung nicht getäuscht wurde.

Bei der Entlastung darf der Vorstand nicht mit abstimmen. Er hat auch grundsätzlich keinen Anspruch auf Erteilung der Entlastung durch die Mitgliederversammlung.

TIPP

Informieren Sie als Vorstand die Mitgliederversammlung immer umfangreich über Ihre Tätigkeit und holen Sie die Zustimmung der Mitgliederversammlung zu einzelnen Vorhaben ein. Dann erstreckt sich die Entlastungswirkung auch auf diese Tätigkeiten.

Haftungsvermeidungsstrategien für den Vorstand

Eine Haftung wird nicht eintreten, wenn der Vorstand sein Amt gewissenhaft ausübt. Schon vor der Wahl in ein Vorstandsamt sollte man sich daher fragen, ob man die Zeit und die Fähigkeiten für das Amt mitbringt. Nach der Wahl muss sich der Vorstand einen Überblick verschaffen, wie der Vorgänger gearbeitet hat und ob aus dessen Zeit noch Dinge zu beachten sind. Neue Vorstandsmitglieder sollten sich nicht scheuen, entsprechende Fragen zu stellen.

Während der Amtszeit gibt es weitere Möglichkeiten, eine Haftung zu vermeiden:

- Sachkundige Hilfe: Es wird immer wieder Situationen geben, welche man nicht einschätzen oder meistern kann. Am besten konsultiert man in diesen Fällen einen Steuerberater oder Rechtsanwalt. Auch Verbände wie der Bundesverband Deutscher Vereine geben gerne Hilfestellungen. Auch die zuständigen Behörden, wie beispielsweise das Finanzamt, kann man um Rat bitten.
- Fortbildung: Gerade das Vereins- und das Steuerrecht sind komplexe Rechtsgebiete, welche nur schwer zu überblicken sind. Vorstandsmitglie-

der sollten sich daher fortbilden und Fachseminare besuchen. Im Internet finden sich preisgünstige Anbieter von vereinsrechtlichen Seminaren, wie etwa das Bildungsnetzwerk Verein und Ehrenamt (www.bnve.de).

→ Ressortaufteilung: Eine Ressortaufteilung (siehe Kapitel 3) kann ebenfalls zu einer Haftungserleichterung führen. In diesem Fall beschränkt sich die Verantwortlichkeit grundsätzlich nur auf den vom jeweiligen Vorstandsmitglied zu verantwortenden Bereich. Voraussetzung ist, dass die Ressortaufteilung
  - schriftlich festgelegt wird und
  - eine klare und verständliche Aufgabenzuweisung umfasst.

HINWEIS

Eine Ressortaufteilung entbindet Vorstandsmitglieder nicht davon, ihre Vorstandskollegen in einem gewissen Maße zu überwachen. Sie sollten sich daher regelmäßig die Unterlagen vorlegen lassen.

Die Haftung der Mitglieder

Mitglieder können nur haften, wenn sie selbst einen Schaden verursacht haben.

BEISPIEL

Ein Mitglied des Vereins versucht das Dach des Vereinsheims zu reparieren. Aus Unachtsamkeit entsteht bei den Dachdeckarbeiten ein Feuer; das Vereinsheim brennt ab.

Haftungserleichterung für Mitglieder

Auch Vereinsmitglieder ohne ein satzungsmäßiges Amt werden unter bestimmten Voraussetzungen vor einer Haftungsinanspruchnahme geschützt. Hier ein Auszug aus dem BGB:

§ 31B BGB

Haftung von Vereinsmitgliedern

(1) Sind Vereinsmitglieder unentgeltlich für den Verein tätig oder erhalten sie für ihre Tätigkeit eine Vergütung, die 840 Euro jährlich nicht übersteigt, haften sie dem Verein für einen Schaden, den sie bei der Wahrnehmung der ihnen übertragenen satzungsgemäßen Vereinsaufgaben verursachen, nur bei Vorliegen von Vorsatz oder grober Fahrlässigkeit. § 31a Absatz 1 Satz 3 ist entsprechend anzuwenden.

(2) Sind Vereinsmitglieder nach Absatz 1 einem anderen zum Ersatz eines Schadens verpflichtet, den sie bei der Wahrnehmung der ihnen übertragenen satzungsgemäßen Vereinsaufgaben verursacht haben, so können sie vom Verein die Befreiung von der Verbindlichkeit verlangen. Satz 1 gilt nicht, wenn die Vereinsmitglieder den Schaden vorsätzlich oder grob fahrlässig verursacht haben.

Hier gelten dieselben Voraussetzungen wie bei der Organhaftung (§ 31a BGB).

Versicherungsschutz

Häufig wird der Versicherungsschutz bei Vereinen vernachlässigt. Im Hinblick auf die Haftungsgefahren ist dies nicht nachvollziehbar, da je nach Umfang ein Schadensfall schnell mehrere tausend Euro kosten kann. Auch wenn ein Vorstandsmitglied eine private Haftpflichtversicherung besitzt, tritt diese für „Vereinsschäden" grundsätzlich nicht ein.

Der Versicherer ist auch nicht zur Leistung verpflichtet, wenn vorsätzlich und widerrechtlich ein Schaden herbeigeführt wurde. Wurde der Versicherungsfall grob fahrlässig herbeigeführt, ist der Versicherer berechtigt, seine Leistung in einem der Schwere des Verschuldens des Versicherungsnehmers entsprechenden Verhältnis zu kürzen.

Lassen Sie sich beraten und verschiedene Angebote vorlegen. Wie die Satzung eines Vereins sollte auch die Versicherung „maßgeschneidert" sein. Vor dem Abschluss einer Versicherung müssen Sie abwägen, ob die Höhe der Versicherungsprämien in einem vertretbaren Verhältnis zum Versicherungsschutz steht.

Vermögensschadenhaftpflichtversicherung

Für den Vorstand kann eine Vermögensschadenshaftpflichtversicherung (Directors-and-Officers-Versicherung, kurz „D&O") abgeschlossen werden. Sie schützt den Vorstand vor den finanziellen Folgen der persönlichen Haftung gegenüber dem eigenen Verein (Innenhaftung) und gegenüber Ansprüchen Dritter (Außenhaftung).

Unfallversicherung

Ehrenamtlich Tätige sind bei der Vereinsarbeit selbst körperlichen Gefahren ausgesetzt. Sie können einen Unfall erleiden und sich verletzen.

In einigen Bereichen – z.B. in der Jugendarbeit – gewährt die gesetzliche Unfallversicherung (Berufsgenossenschaft) Versicherungsschutz. Jedoch ist nicht jede Tätigkeit über die gesetzliche Unfallversicherung abgesichert. Das Bundesministerium für Arbeit und Soziales hat eine Broschüre (*„Zu Ihrer Sicherheit – Unfallversichert im freiwilligen Engagement"*) herausgegeben, die einen Überblick liefert, welche Tätigkeiten im Verein gesetzlich abgesichert sind.

Sollte die gesetzliche Unfallversicherung für einen Schaden nicht zuständig sein, können sich Ehrenamtliche bei der Verwaltungsberufsgenossenschaft freiwillig versichern lassen. Der Beitragssatz für die freiwillig Versicherten im Ehrenamt beträgt 4,70 Euro je versicherte Person und Jahr (Stand 2021).

Wir empfehlen jedem Verein, ihre Vorstandsmitglieder und andere engagierte Vereinsmitglieder angesichts des wirklich günstigen Jahresbeitrags bei der Berufsgenossenschaft anzumelden.

Rechtsschutzversicherung

Auch ein Rechtsstreit kann schnell teuer werden; insbesondere wenn ein Verein auch Arbeitgeber ist. Hier kann eine Rechtsschutzversicherung die finanziellen Risiken mindern. Beachten Sie jedoch, dass Rechtsschutzversicherungen vereinsinterne Streitigkeiten üblicherweise nicht abdecken.

Kapitel 11:

Streit im Verein

Wie in jeder Beziehung kann es auch im Verein zu Streitigkeiten kommen. Diese können entweder zwischen den Mitgliedern untereinander oder zwischen den Mitgliedern und dem Vorstand oder anderen Organen wie dem Gesamtvorstand oder einem Beirat des Vereins aufkommen.

Um das Vereinsleben nicht nachhaltig zu stören, sollte der Vorstand aus eigenem Antrieb auf Streitigkeiten reagieren. Wenn ein Mitglied gegen die Vereinsinteressen verstößt, kann sich auch die Erforderlichkeit einer Vereinsstrafe ergeben, die in drastischen Fällen sogar den Ausschluss eines Mitglieds zur Folge haben kann.

Streitschlichtung

Streitigkeiten bringen Unruhe in das Vereinsleben und sollten daher schnell beigelegt werden. Nach Möglichkeit wird ein Streit intern beigelegt. Entweder wirkt der Vorstand hier vermittelnd oder die Satzung sieht einen Schlichtungsausschuss vor.

MUSTER

Satzungsregelung für einen Schlichtungsausschuss

§ ... Schlichtungsausschuss

Zur Beilegung vereinsinterner Streitigkeiten wird ein Schlichtungsausschuss eingerichtet.

Der Schlichtungsausschuss setzt sich zusammen aus dem Vorsitzenden und zwei Beisitzern, welche durch die Mitgliederversammlung für die Dauer von drei Jahren gewählt werden; eine Wiederwahl ist zulässig. Die Mitglieder des Schlichtungsausschusses dürfen keinem anderen Vereinsorgan angehören und bleiben bis zur Neuwahl im Amt.

Der Schlichtungsausschuss wird auf schriftlichen Antrag eines Organs oder eines Mitglieds tätig. Dabei soll der Streitpunkt bereits benannt werden.

Nach Eingang des Antrags wird innerhalb von vier Wochen eine Sitzung anberaumt. Im Rahmen der Sitzung hat der Ausschuss auf eine gütliche Einigung hinzuwirken.

Überlegen Sie vor der Einrichtung von zusätzlichen Institutionen aber genau, ob überhaupt ein entsprechender Bedarf besteht. Zu viele Organe und Einrichtungen hemmen den Vereinsbetrieb eher, als dass sie helfen.

Wenn Sie als Vorstand einen Streit nicht lösen können, sollten Sie die Einschaltung eines Mediators erwägen. Ein Mediator ist eine unabhängige und neutrale Person ohne Entscheidungsbefugnis, die die Beteiligten im Wege der Mediation zu einer möglichen Streitschlichtung führt. Die Mediation ist im Mediationsgesetz geregelt.

TIPP

Fragen und Antworten rund um das Mediationsverfahren sowie Ansprechpartner finden Sie im Internet auf der Homepage des Bundesverbandes Mediation (http://www.bmev.de/).

Vereinsstrafen und Ausschluss aus dem Verein

Sie werden im Verein auch Situationen erleben, die nicht geschlichtet, sondern geahndet werden müssen. Wenn etwa ein Mitglied gegen die Vereinsinteressen verstößt, kann dies eine Vereinsstrafe erforderlich machen.

Verstöße gegen die Satzung oder die Vereinsordnung durch Mitglieder des Vereins müssen Sie nicht hinnehmen. Die Satzung sollte entsprechende disziplinarische Handlungsinstrumente vorsehen, um solche Verstöße zu ahnden.

Gesetzliche Grundlagen für derartige Konsequenzen gibt es nicht, so dass Sie frei bei der Bestimmung eines „Kataloges“ sind, allerdings sind hierbei einige Grundsätze wie die Angemessenheit der Strafe zu beachten. Mögliche Strafen sind:

- eine Abmahnung,
- eine Rüge oder ein Verweis,
- Geldstrafen,
- ein zeitlich befristetes Verbot der Nutzung von Vereinseinrichtungen,
- ein vorübergehender Entzug des Stimmrechtes,
- ein Ausschluss aus dem Verein.

Unabhängig davon, welche Vereinsstrafen Sie für Ihren Verein vorsehen möchten, ist immer eine Satzungsgrundlage erforderlich. Sie können keine Vereinsstrafe gegen ein Mitglied aussprechen, die in der Satzung nicht vorgesehen ist.

MUSTER

Satzungsregelung für Vereinsstrafen

§ ... Vereinsstrafen

Verstöße gegen die Satzung des Vereins oder die bestehenden Vereinsordnungen sowie vereinsschädigendes Verhalten können mit einer Vereinsstrafe geahndet werden.

Je nach der Schwere des Verstoßes kann auf folgende Vereinsstrafen erkannt werden:

- Rüge
- Entzug des Stimmrechtes auf der Mitgliederversammlung
- Geldstrafe. Die Höhe der Geldstrafe bestimmt sich nach der Schwere des Verstoßes. Sie darf jedoch 100,00 Euro nicht übersteigen.
- Ausschluss aus dem Verein

(...)

Verfahren und Zuständigkeit

Das Verfahren für Vereinsstrafen ist in der Satzung zu regeln. Für die Verhängung von Vereinsstrafen sollte der Vorstand zuständig sein. Er hat die Kompetenz und die Autorität, den Verstoß einzuschätzen und die Strafe durchzusetzen. Die Zuständigkeit kann aber auch auf ein anders Organ übertragen werden, etwa auf ein Ehrengericht.

Ehrengericht

Einige Vereine haben ein „Ehrengericht“ installiert. Dieses Gremium kann entweder für die Verhängung von Strafen, aber auch als vereinsinterne Berufungsinstanz zuständig sein.

MUSTER

Satzungsregelung für ein Ehrengericht

§ ... Ehrengericht

Das Ehrengericht ist zuständig für die Verhängung von Vereinsstrafen.

Es wird auf Antrag des Vorstands tätig. Anträge seitens der Mitglieder sind über den Vorstand an das Ehrengericht zu richten. Der Vorstand hat in diesem Fall eine Stellungnahme abzugeben.

Das Ehrengericht setzt sich aus dem Vorsitzenden und zwei Beisitzern zusammen. Die Mitglieder des Ehrengerichtes werden durch die Mitgliederversammlung für die Dauer von drei Jahren gewählt; eine Wiederwahl ist zulässig. Die Mitglieder des Ehrengerichtes bleiben bis zu einer Neuwahl im Amt.

Die Mitglieder des Ehrengerichtes dürfen dem Vorstand nicht angehören.

Der Antrag auf Verhängung einer Vereinsstrafe ist schriftlich mit Begründung in vierfacher Ausfertigung an den Vorsitzenden des Ehrengerichtes zu stellen.

Nach Eingang des Antrags wird dem Betroffenen die Möglichkeit zur Stellungnahme gegeben.

Über den Antrag wird in einer mündlichen Verhandlung unter Beteiligung des Antragstellers und des betroffenen Mitglieds verhandelt. Das Ehrengericht entscheidet durch Beschluss mit einfacher Mehrheit der abgegebenen Stimmen.

Der Beschluss ist schriftlich zu begründen und den Beteiligten zuzustellen.

Das Verfahren für Vereinsstrafen

In der Satzung müssen nicht nur die möglichen Sanktionen und das zuständige Gremium für die Verhängung der Vereinsstrafen benannt werden, es muss auch das Verfahren genau geregelt werden. Dabei können folgende Punkte festgelegt werden:

- Wie wird ein Vereinsstrafverfahren in Gang gesetzt?
- Welche Fristen sollen gelten?
- Welche Formvorschriften müssen eingehalten werden?
- Ist das Recht auf vorherige Anhörung des betroffenen Mitglieds berücksichtigt?
- Kann das betroffene Mitglied einen Anwalt oder einen sonstigen Beistand hinzuziehen?

TIPP

Regeln Sie das Verfahren genau! So haben Sie die Sicherheit, dass auch der rechtlich unerfahrene Vorstand eine „Handlungsanweisung" für solche Fälle hat.

Wenn die Verhängung einer Vereinsstrafe beantragt worden ist, muss der Vorstand den Betroffenen zunächst zu den Vorwürfen anhören. Eine Anhörung ist zwingend erforderlich, auch wenn diese in der Satzung nicht vorgesehen ist! Der Grundsatz der Gewährung „rechtlichen Gehörs" ist ein unabdingbarer Grundsatz, welcher auch im Vereinsrecht gilt. Die Anhörung ist somit eine zwingende Voraussetzung für einen wirksamen Beschluss. Der Betroffene muss sich jedoch nicht äußern.

Wenn der Vorstand der Auffassung ist, dass ihm alle wesentlichen Informationen vorliegen, kann er eine Entscheidung treffen. Wenn tatsächlich ein Verstoß vorliegt, kann auf eine Vereinsstrafe erkannt werden. Bei der Entscheidung müssen jedoch einige Grundsätze beachtet werden. Die Maßnahme

- muss verhältnismäßig sein,
- darf nicht willkürlich oder grob unbillig sein,
- darf nicht gegen den Gleichheitsgrundsatz verstoßen und
- muss eine satzungsmäßige Grundlage haben.

Eine Strafe ist grob unbillig, wenn sie zu dem gemachten Vorwurf nicht im Verhältnis steht.

BEISPIEL

„Das unentschuldigte Fehlen bei der Chorprobe wird mit einer Geldstrafe von 500 Euro geahndet."

Die Höhe dieser Strafe steht in keinem vernünftigen Verhältnis zum Verstoß und ist daher rechtswidrig.

Auch im Vereinsrecht gilt der Gleichbehandlungsgrundsatz. Gleichartige Verstöße müssen auch gleichartig geahndet werden. Es darf nicht sein, dass bestimmte Mitglieder anderen gegenüber bevorzugt oder benachteiligt werden.

Voraussetzung für eine wirksame Vereinsstrafe ist außerdem, dass dem Betroffenen die Verhängung der Strafe schriftlich mitgeteilt wird und auch begründet wird. Eine fehlende Begründung führt bei einer gerichtlichen Überprüfung dazu, dass das Gericht die Nichtigkeit feststellt.

Überprüfung der Strafe

Die Satzung kann eine vereinsinterne Überprüfung (beispielsweise durch einen Ehrenrat) vorsehen. Zwingend ist dies jedoch nicht. Nicht empfehlenswert ist eine Befassung durch die Mitgliederversammlung, da die Gefahr von Emotionen und einer Spaltung der Mitglieder erheblich ist.

MUSTER

Satzungsregelung zur Überprüfung von Vereinsstrafen

§ ... Vereinsstrafen

(...)

Die Verhängung einer Vereinsstrafe erfolgt durch Beschluss des Vorstands. Er ist schriftlich zu begründen und dem Betroffenen bekanntzugeben.

Das betroffene Mitglied kann gegen den Beschluss innerhalb einer Frist von einem Monat ab Zustellung des Beschlusses den Ehrenrat anrufen. Dieser entscheidet abschließend.

Das Mitglied kann eine Vereinsstrafe in jedem Fall durch ordentliche Gerichte überprüfen lassen, unabhängig davon, ob die Satzung ein vereinsinternes Berufungsverfahren vorsieht. Allerdings ist ein solches Verfahren zuerst durchzuführen; eine Klage wäre sonst unzulässig.

HINWEIS

„Der Rechtsweg zu den ordentlichen Gerichten ist ausgeschlossen."

Solche Regelungen finden sich zwar immer wieder in Satzungen, diese sind aber unwirksam.

Zuständig für die rechtliche Überprüfung ist das Amtsgericht am Sitz des Vereins.

Vor dem Amtsgericht besteht kein Anwaltszwang, sodass Sie als Vorstand den Verein selbst vertreten können.

Grundlage des gerichtlichen Verfahrens ist der Beschluss des Vorstands (und gegebenenfalls der bestätigende Beschluss der Berufungsinstanz).

Der Prüfungsmaßstab des Gerichtes ist aufgrund des Grundsatzes der Vereinsautonomie eingeschränkt. Das Gericht prüft, ob

- das Verfahren der Satzung entsprochen hat,
- die verhängte Strafe verhältnismäßig ist,
- die verhängte Strafe grob unbillig oder willkürlich ist oder
- ein Verstoß gegen den Gleichbehandlungsgrundsatz vorliegt.

Kapitel 12:

Beendigung des Vereins

Das Ende eines Vereins ist immer eine ernste Angelegenheit. Zum einen ist es wenig erfreulich, wenn das gemeinsame Projekt sich nicht fortsetzen lässt, zum anderen sind einige rechtliche Hürden zu überwinden.

Die Notwendigkeit zur Auflösung des Vereins kann sich aus verschiedenen Gründen ergeben. Oft ist es das mangelnde Interesse der Mitglieder und der damit in Verbindung stehende Mitgliederschwund oder aber auch die dauerhaft fehlende Bereitschaft der Mitglieder, ein Vorstandsamt zu übernehmen.

Auflösung durch Mitgliederbeschluss

Die Auflösung des Vereins sollte immer der letzte Ausweg sein. Gerade bei der schwierigen Frage der Vorstandsbesetzung sollte nicht sofort bei der ersten negativen Vorstandswahl die Auflösung des Vereins in Betracht gezogen werden.

Rechtliche Rahmenbedingungen

Die gesetzliche Regelung zur Auflösung des Vereins liefert § 41 BGB. Danach „*kann der Verein durch Beschluss der Mitgliederversammlung aufgelöst werden. Zu dem Beschluss ist eine Mehrheit von drei Vierteln der abgegebenen Stimmen erforderlich, wenn die Satzung nicht ein anderes bestimmt.*“

Die Satzung sollte eine Regelung zur Auflösung des Vereins enthalten. In dieser können schon die erforderlichen Formalien und Schritte festgelegt sein. Durch eine Satzungsregelung können auch bestimmte Hürden aufgestellt werden, um eine leichtfertige Auflösung des Vereins zu verhindern.

Verfahren

Wenn ein Antrag auf Auflösung des Vereins auf der Tagesordnung steht, sind zwingend die vorgeschriebenen Formalien zu beachten. Nur ein wirksam gefasster Beschluss kann zur Auflösung führen.

Somit ist es erforderlich, dass bei der Einladung zu der Mitgliederversammlung der Tagesordnungspunkt „Auflösung des Vereins“ enthalten ist. Darüber hinaus sind alle Mitglieder des Vereins einzuladen. Wenn die Satzung bestimmte Mehrheitserfordernisse vorsieht, dann müssen diese auch erreicht werden. (Siehe zur ordnungsgemäßen Beschlussfassung Kapitel 4.)

Die Abwicklung des Vereins

Mit dem Auflösungsbeschluss ist der Verein jedoch noch nicht endgültig aufgelöst. Der Verein wird in der Regel noch Forderungen (beispielsweise gegen Mitglieder) und Verbindlichkeiten haben.

Die Realisierung dieser Positionen ist die Aufgabe der Liquidatoren. Nach § 48 BGB erfolgt die Liquidation des Vereins durch den Vorstand. Die Mitgliederversammlung kann auch andere Liquidatoren bestellen, falls der Vorstand nicht bereit ist, diese Aufgabe zu übernehmen. Wenn dies nicht möglich ist, besteht noch die Möglichkeit, einen „Notliquidator“ zu bestellen.

Die Aufgabe der Liquidatoren besteht darin,

- die laufenden Geschäfte zu beenden,
- die Forderungen einzuziehen,
- das übrige Vermögen in Geld umzusetzen,
- die Gläubiger zu befriedigen und
- den Überschuss an die Anfallberechtigten weiterzugeben.

Wenn mehrere Liquidatoren bestellt sind, handeln diese grundsätzlich gemeinsam, auch Beschlüsse können nur einstimmig gefasst werden (§ 48 Abs. 3 BGB). Die Satzung kann hiervon jedoch abweichen.

MUSTER

Satzungsregelung zur Liquidation

§ … Auflösung des Vereins

(…)

Die Liquidation erfolgt durch den Vorstand. Bei der Beschlussfassung entscheidet die Mehrheit der abgegebenen Stimmen.

Bekanntgabe der Auflösung

Die Auflösung des Vereins ist durch die Liquidatoren öffentlich bekanntzumachen. Die Bekanntmachung erfolgt durch das in der Satzung für Veröffentlichungen bestimmte Blatt (§ 50 BGB).

Die wenigsten Vereine haben in der Satzung ein „für Veröffentlichungen bestimmtes Blatt“. In diesem Fall sieht § 50a BGB vor, dass *„Bekanntmachungen des Vereins in dem Blatt zu veröffentlichen sind, welches für Bekanntmachungen des Amtsgerichts bestimmt ist, in dessen Bezirk der Verein seinen Sitz hat“*. Um welches Blatt es sich hierbei handelt, können Sie bei Ihrem zuständigen Amtsgericht erfragen.

In der Bekanntmachung fordern Sie die Gläubiger auf, ihre Ansprüche anzumelden.

MUSTER

Mitteilung

Der Verein Musikschule Wunstorf e. V. ist durch Beschluss der Mitgliederversammlung vom TTMMJJJJ aufgelöst worden. Zum Liquidator wurde der Vorsitzende des Vorstands, Hans Mustermann, Musterstraße 1 in 12345 Musterstadt, bestimmt. Gläubiger werden gebeten, ihre Ansprüche bei dem Liquidator anzumelden.

Wenn die Gläubiger des Vereins bekannt sind, sind diese mit einem gesonderten Schreiben zu informieren.

MUSTER

Sehr geehrte Frau Meier,

hiermit dürfen wir Sie darüber informieren, dass der Verein Musikschule Wunstorf e. V. durch Beschluss der Mitgliederversammlung vom TTMMJJJJ aufgelöst worden ist.
Ich wurde zum Liquidator bestimmt.
Den vorliegenden Unterlagen entnehme ich, dass Sie am TTMMJJJJ eine Rechnung über zehn Querflöten i. H. v. 1.000,00 Euro gestellt haben.
Sofern diese Rechnung noch nicht beglichen sein sollte, darf ich Sie bitten, mich entsprechend zu informieren und Ihre Forderung anzumelden.

Mit freundlichen Grüßen
Hans Mustermann

H. Mustermann
Liquidator des Vereins Musikschule Wunstorf e. V.

Neben der allgemeinen Bekanntmachung der Auflösung des Vereins sind die Auflösung und die Liquidatoren sowie ihre Vertretungsmacht im Vereinsregister einzutragen. Diese Anmeldung hat der Vorstand vorzunehmen, auch spätere Änderungen der Liquidatoren oder ihrer Vertretungsmacht sind dem Registergericht anzuzeigen.

Teilweise kann sich die Notwendigkeit ergeben, dass laufende Geschäfte oder der Vereinsbetrieb fortgeführt werden. Wenn beispielsweise das Vereinsheim renoviert wird, macht es keinen Sinn, diese Arbeiten mit dem Auflösungsbeschluss zu beenden.

Um den Vereinsbetrieb bis zum Abschluss der Liquidation fortzuführen, sollte durch die Mitgliederversammlung ein entsprechender Beschluss gefasst werden.

Realisierung des Vermögens

Im Rahmen der Liquidation haben die Liquidatoren das Vereinsvermögen zu veräußern, die Forderungen zu realisieren und die Gläubiger zu befriedigen.

Haftung des Liquidators

Der Liquidator hat die rechtliche Stellung eines Vorstands, dementsprechend sieht das Gesetz auch eine Haftung für ihn vor, wenn er seinen Aufgaben nicht pflichtgemäß nachkommt.

TIPP

Holen Sie sich frühzeitig fachkundigen Rat bei einem Steuerberater oder Rechtsanwalt, um eine Haftung zu vermeiden.

Näheres zum Thema „Haftung“ finden Sie in Kapitel 12.

Abschluss der Liquidation

Das Gesetz sieht ein Sperrjahr vor, vor dessen Ablauf das verbliebene Vermögen nicht verteilt werden darf (§ 51 BGB). Das Sperrjahr beginnt mit der Bekanntmachung der Auflösung des Vereins. Nach dem Ablauf des Sperrjahres müssen die Liquidatoren der Mitgliederversammlung über die Liquidation Rechenschaft ablegen. Es muss also dargestellt werden, welche Forderungen eingezogen und welche Verbindlichkeiten beglichen wurden.

Wenn sich ein bekannter Gläubiger nicht meldet, muss der Liquidator dieses Geld bei dem zuständigen Amtsgericht hinterlegen. Die Hinterlegung wird durch einen Vordruck angemeldet; diesen erhalten Sie bei Ihrem zuständigen Amtsgericht.

HINWEIS

Eine Hinterlegung ist nach § 372 BGB bei „Geld, Wertpapieren und sonstigen Urkunden sowie Kostbarkeiten" möglich.

Sollte das verbliebene Vermögen nicht ausreichen, um alle Gläubiger zu befriedigen, kann es erforderlich sein, dass die Liquidatoren einen Insolvenzantrag stellen.

Wer erhält das Vereinsvermögen?

Sofern nach Abschluss der Liquidation noch ein Vermögen vorhanden ist, stellt sich die Frage, wer dieses Vermögen erhält. Hierbei ist zu unterscheiden, ob es sich um einen gemeinnützigen Verein handelt oder nicht.

Nach dem Grundsatz der Vermögensbindung (§ 55 Abs. 1 Nr. 4 AO) darf das Vermögen eines gemeinnützigen Vereins bei der Auflösung nur für steuerbegünstigte Zwecke verwendet werden. Näheres hierzu finden Sie in Kapitel 2 dieses Ratgebers.

Ansonsten kommt es entscheidend auf die Satzungsregelung an, wem das verbleibende Vermögen zufallen soll.

MUSTER

Satzungsregelung für Vereinsvermögen (eines nicht gemeinnützigen Vereins)

§ ... Auflösung des Vereins

(...)

Im Falle der Auflösung fällt das Vermögen an die Stadt Wunstorf, welche das Vermögen für kulturelle Zwecke zu verwenden hat.

Wenn eine solche Regelung fehlt und der Verein nicht als gemeinnützig anerkannt ist, fällt das Vermögen an die zur Zeit der Auflösung vorhandenen Mitglieder zu gleichen Teilen, wenn der Verein nach der Satzung ausschließlich den Interessen seiner Mitglieder diente.

Die Mitgliederversammlung kann aber auch den Beschluss fassen, dass das Vermögen einer öffentlichen Stiftung oder Anstalt anfällt.

Mit dem Abschluss der Verteilung endet auch das Amt der Liquidatoren. Der Verein wird im Vereinsregister gelöscht.

Insolvenz des Vereins

Auch ein Verein kann „pleite gehen". Wie bei anderen Gesellschaftsformen sieht das Gesetz hier ein Insolvenzverfahren vor.

Die zu beachtenden Regelungen ergeben sich aus der Insolvenzordnung (InsO). Danach kann die Eröffnung eines Insolvenzverfahrens beantragt werden, wenn einer der folgenden Gründe vorliegt:

- drohende Zahlungsunfähigkeit (§ 18 InsO),
- Zahlungsunfähigkeit (§ 17 InsO) oder
- Überschuldung (§ 19 InsO).

Eine Zahlungsunfähigkeit liegt vor, wenn der Verein nicht in der Lage ist, seine bestehenden Zahlungsverpflichtungen zu erfüllen, wenn sie fällig sind. Eine Zahlungsunfähigkeit wird in aller Regel angenommen, wenn der Verein seine Zahlungen eingestellt hat.

Eine Zahlungsunfähigkeit droht, wenn der Verein voraussichtlich nicht in der Lage sein wird, seinen finanziellen Verpflichtungen nachzukommen.

Von einer Zahlungsunfähigkeit ist regelmäßig auszugehen, wenn eine Liquiditätslücke von 10 % oder mehr besteht und nicht mit an Sicherheit grenzender Wahrscheinlichkeit zu erwarten ist, dass diese Liquiditätslücke innerhalb von drei Wochen beseitigt werden kann.

TIPP

Behalten Sie die finanziellen Verpflichtungen des Vereins im Auge! Wenn absehbar ist, dass Sie die fälligen Rechnungen nicht fristgerecht begleichen können, sprechen Sie die Gläubiger an und vereinbaren Sie Stundungen.

Eine Überschuldung liegt vor, wenn das Vermögen des Vereins die bestehenden Verbindlichkeiten nicht mehr deckt. Ein Verein muss zunächst seine Vermögensgegenstände veräußern, um die bestehenden Schulden zu begleichen. Sollte dieser Erlös nicht ausreichen, ist von einer Überschuldung auszugehen.

Das Insolvenzverfahren

Die Eröffnung eines Insolvenzverfahrens ist nur auf schriftlichen Antrag möglich.

Antragsberechtigt sind:

- ➜ der Vorstand als Vertreter des Vereins und
- ➜ die Gläubiger des Vereins.

Im Fall der Zahlungsunfähigkeit oder der Überschuldung **muss** der Vorstand die Eröffnung des Insolvenzverfahrens beantragen. Wenn nur eine drohende Zahlungsunfähigkeit absehbar ist, hat er ein Antragsrecht.

HINWEIS

Die Mitgliederversammlung kann den Vorstand nicht wirksam anweisen, einen Antrag auf Eröffnung des Insolvenzverfahrens nicht zu stellen. Hier besteht nach dem Gesetz eine alleinige Verantwortung des Vorstands.

Wird die Antragstellung verzögert, so sind die Vorstandsmitglieder, denen ein Verschulden zur Last fällt, den Gläubigern für den daraus entstehenden Schaden verantwortlich; sie haften als Gesamtschuldner (§ 42 Abs. 2 BGB). (Näheres zur Haftung des Vorstands siehe Kapitel 10)

HINWEIS

Behalten Sie immer die finanzielle Lage des Vereins im Auge! Auch wenn Sie als Vorstandsmitglied aufgrund einer Ressortaufteilung nicht dafür zuständig sind, haften Sie im Fall der „Insolvenzverschleppung"!

Holen Sie sich frühzeitig fachkundigen Rat bei einem Steuerberater oder einem Rechtsanwalt, um eine Haftung zu vermeiden.

Nach Eingang des Antrags prüft das Gericht, ob die Voraussetzungen für ein Insolvenzverfahren gegeben sind.

Mit dem Eröffnungsbeschluss benennt das Gericht einen Insolvenzverwalter. Dieser erlangt die Verwaltungs- und Verfügungsbefugnis über das zur Insolvenzmasse gehörende Vermögen.

Die Bestellung eines Insolvenzverwalters führt nicht dazu, dass der Vorstand des Vereins ganz aus der Verantwortung entlassen wird. Der Vorstand bleibt für die Führung des Vereins grundsätzlich verantwortlich; lediglich für den finanziellen Bereich ist nunmehr der Insolvenzverwalter zuständig.

Kapitel 13:

Anhang

Auszug aus dem Bürgerlichen Gesetzbuch (BGB)

§ 21 Nicht wirtschaftlicher Verein

Ein Verein, dessen Zweck nicht auf einen wirtschaftlichen Geschäftsbetrieb gerichtet ist, erlangt Rechtsfähigkeit durch Eintragung in das Vereinsregister des zuständigen Amtsgerichts.

§ 22 Wirtschaftlicher Verein

Ein Verein, dessen Zweck auf einen wirtschaftlichen Geschäftsbetrieb gerichtet ist, erlangt in Ermangelung besonderer bundesgesetzlicher Vorschriften Rechtsfähigkeit durch staatliche Verleihung. Die Verleihung steht dem Land zu, in dessen Gebiet der Verein seinen Sitz hat.

§ 24 Sitz
Als Sitz eines Vereins gilt, wenn nicht ein anderes bestimmt ist, der Ort, an welchem die Verwaltung geführt wird.

§ 25 Verfassung
Die Verfassung eines rechtsfähigen Vereins wird, soweit sie nicht auf den nachfolgenden Vorschriften beruht, durch die Vereinssatzung bestimmt.

§ 26 Vorstand und Vertretung
(1) Der Verein muss einen Vorstand haben. Der Vorstand vertritt den Verein gerichtlich und außergerichtlich; er hat die Stellung eines gesetzlichen Vertreters. Der Umfang der Vertretungsmacht kann durch die Satzung mit Wirkung gegen Dritte beschränkt werden.

(2) Besteht der Vorstand aus mehreren Personen, so wird der Verein durch die Mehrheit der Vorstandsmitglieder vertreten. ***(Satz 1 kann in der Satzung anders gefasst werden!)*** Ist eine Willenserklärung gegenüber einem Verein abzugeben, so genügt die Abgabe gegenüber einem Mitglied des Vorstands.

§ 27 Bestellung und Geschäftsführung des Vorstands
(1) Die Bestellung des Vorstands erfolgt durch Beschluss der Mitgliederversammlung. ***(Absatz 1 kann in der Satzung anders gefasst werden!)***

(2) Die Bestellung ist jederzeit widerruflich, unbeschadet des Anspruchs auf die vertragsmäßige Vergütung. Die Widerruflichkeit kann durch die Satzung auf den Fall beschränkt werden, dass ein wichtiger Grund für den Widerruf vorliegt; ein solcher Grund ist insbesondere grobe Pflichtverletzung oder Unfähigkeit zur ordnungsmäßigen Geschäftsführung.

(3) Auf die Geschäftsführung des Vorstands finden die für den Auftrag geltenden Vorschriften der §§ 664 bis 670 entsprechende Anwendung. Die Mitglieder des Vorstands sind unentgeltlich tätig. ***(Absatz 3 kann in der Satzung anders gefasst werden!)***

§ 28 Beschlussfassung des Vorstands
Bei einem Vorstand, der aus mehreren Personen besteht, erfolgt die Beschlussfassung nach den für die Beschlüsse der Mitglieder des Vereins geltenden Vorschriften der §§ 32 und 34.

(§ 28 kann in der Satzung anders gefasst werden!)

§ 31 Haftung des Vereins für Organe
Der Verein ist für den Schaden verantwortlich, den der Vorstand, ein Mitglied des Vorstands oder ein anderer verfassungsmäßig berufener Vertreter durch eine in Ausführung der ihm zustehenden Verrichtungen begangene, zum Schadensersatz verpflichtende Handlung einem Dritten zufügt.

§ 31a Haftung von Organmitgliedern und besonderen Vertretern
(1) Sind Organmitglieder oder besondere Vertreter unentgeltlich tätig oder erhalten sie für ihre Tätigkeit eine Vergütung, die 840 Euro jährlich nicht übersteigt, haften sie dem Verein für einen bei der Wahrnehmung ihrer Pflichten verursachten Schaden nur bei Vorliegen von Vorsatz oder grober Fahrlässigkeit. Satz 1 gilt auch für die Haftung gegenüber den Mitgliedern des Vereins. Ist streitig, ob ein Organmitglied oder ein besonderer Vertreter einen Schaden vorsätzlich oder grob fahrlässig verursacht hat, trägt der Verein oder das Vereinsmitglied die Beweislast. ***(Satz 2 kann in der Satzung anders gefasst werden!)***

(2) Sind Organmitglieder oder besondere Vertreter nach Absatz 1 Satz 1 einem anderen zum Ersatz eines Schadens verpflichtet, den sie bei der Wahrnehmung ihrer Pflichten verursacht haben, so können sie von dem Verein die Befreiung von der Verbindlichkeit verlangen. Satz 1 gilt nicht, wenn der Schaden vorsätzlich oder grob fahrlässig verursacht wurde.

§ 31b Haftung von Vereinsmitgliedern
(1) Sind Vereinsmitglieder unentgeltlich für den Verein tätig oder erhalten sie für ihre Tätigkeit eine Vergütung, die 840 Euro jährlich nicht übersteigt, haften sie dem Verein für einen Schaden, den sie bei der Wahrnehmung der ihnen übertragenen satzungsgemäßen Vereinsaufgaben verursachen, nur bei Vorliegen von Vorsatz oder grober Fahrlässigkeit. § 31a Absatz 1 Satz 3 ist entsprechend anzuwenden.

(2) Sind Vereinsmitglieder nach Absatz 1 einem anderen zum Ersatz eines Schadens verpflichtet, den sie bei der Wahrnehmung der ihnen übertragenen satzungsgemäßen Vereinsaufgaben verursacht haben, so können sie von dem Verein die Befreiung von der Verbindlichkeit verlangen. Satz 1 gilt nicht, wenn die Vereinsmitglieder den Schaden vorsätzlich oder grob fahrlässig verursacht haben.

§ 32 Mitgliederversammlung; Beschlussfassung
(1) Die Angelegenheiten des Vereins werden, soweit sie nicht von dem Vorstand oder einem anderen Vereinsorgan zu besorgen sind, durch Beschlussfassung in einer Versammlung der Mitglieder geordnet. Zur Gültigkeit des Beschlusses ist erforderlich, dass der Gegenstand bei der Berufung bezeichnet wird. Bei der Beschlussfassung entscheidet die Mehrheit der abgegebenen Stimmen.

(2) Auch ohne Versammlung der Mitglieder ist ein Beschluss gültig, wenn alle Mitglieder ihre Zustimmung zu dem Beschluss schriftlich erklären.

(§ 32 kann in der Satzung anders gefasst werden!)

§ 33 Satzungsänderung
(1) Zu einem Beschluss, der eine Änderung der Satzung enthält, ist eine Mehrheit von drei Vierteln der abgegebenen Stimmen erforderlich. Zur Änderung des Zweckes des Vereins ist die Zustimmung aller Mitglieder erforderlich; die Zustimmung der nicht erschienenen Mitglieder muss schriftlich erfolgen.

(§ 33 kann in der Satzung anders gefasst werden!)

§ 34 Ausschluss vom Stimmrecht
Ein Mitglied ist nicht stimmberechtigt, wenn die Beschlussfassung die Vornahme eines Rechtsgeschäfts mit ihm oder die Einleitung oder Erledigung eines Rechtsstreits zwischen ihm und dem Verein betrifft.

(§ 34 kann niemals geändert werden!)

§ 36 Berufung der Mitgliederversammlung
Die Mitgliederversammlung ist in den durch die Satzung bestimmten Fällen sowie dann zu berufen, wenn das Interesse des Vereins es erfordert.

§ 37 Berufung auf Verlangen einer Minderheit
(1) Die Mitgliederversammlung ist zu berufen, wenn der durch die Satzung bestimmte Teil oder in Ermangelung einer Bestimmung der zehnte Teil der Mitglieder die Berufung schriftlich unter Angabe des Zweckes und der Gründe verlangt.

(2) Wird dem Verlangen nicht entsprochen, so kann das Amtsgericht die Mitglieder, die das Verlangen gestellt haben, zur Berufung der Versammlung

ermächtigen; es kann Anordnungen über die Führung des Vorsitzes in der Versammlung treffen. Zuständig ist das Amtsgericht, das für den Bezirk, in dem der Verein seinen Sitz hat, das Vereinsregister führt. Auf die Ermächtigung muss bei der Berufung der Versammlung Bezug genommen werden.

§ 38 Mitgliedschaft
Die Mitgliedschaft ist nicht übertragbar und nicht vererblich. Die Ausübung der Mitgliedschaftsrechte kann nicht einem anderen überlassen werden.

(§ 38 kann in der Satzung anders gefasst werden!)

§ 39 Austritt aus dem Verein
(1) Die Mitglieder sind zum Austritt aus dem Verein berechtigt.

(2) Durch die Satzung kann bestimmt werden, dass der Austritt nur am Schluss eines Geschäftsjahrs oder erst nach dem Ablauf einer Kündigungsfrist zulässig ist; die Kündigungsfrist kann höchstens zwei Jahre betragen.

§ 40 Nachgiebige Vorschriften
Die Vorschriften des § 26 Absatz 2 Satz 1, des § 27 Absatz 1 und 3, der §§ 28, 31a Abs. 1 Satz 2 sowie der §§ 32, 33 und 38 finden insoweit keine Anwendung als die Satzung ein anderes bestimmt. Von § 34 kann auch für die Beschlussfassung des Vorstands durch die Satzung nicht abgewichen werden.

§ 41 Auflösung des Vereines
Der Verein kann durch Beschluss der Mitgliederversammlung aufgelöst werden. Zu dem Beschluss ist eine Mehrheit von drei Vierteln der abgegebenen Stimmen erforderlich, wenn nicht die Satzung ein anderes bestimmt.

§ 41 Auflösung des Vereines
Der Verein kann durch Beschluss der Mitgliederversammlung aufgelöst werden. Zu dem Beschluss ist eine Mehrheit von drei Vierteln der abgegebenen Stimmen erforderlich, wenn nicht die Satzung ein anderes bestimmt.

§ 42 Insolvenz
(1) Der Verein wird durch die Eröffnung des Insolvenzverfahrens und mit Rechtskraft des Beschlusses, durch den die Eröffnung des Insolvenzverfahrens mangels Masse abgewiesen worden ist, aufgelöst. Wird das Verfahren auf

Antrag des Schuldners eingestellt oder nach der Bestätigung eines Insolvenzplans, der den Fortbestand des Vereins vorsieht, aufgehoben, so kann die Mitgliederversammlung die Fortsetzung des Vereins beschließen. Durch die Satzung kann bestimmt werden, dass der Verein im Falle der Eröffnung des Insolvenzverfahrens als nicht rechtsfähiger Verein fortbesteht; auch in diesem Falle kann unter den Voraussetzungen des Satzes 2 die Fortsetzung als rechtsfähiger Verein beschlossen werden.

(2) Der Vorstand hat im Falle der Zahlungsunfähigkeit oder der Überschuldung die Eröffnung des Insolvenzverfahrens zu beantragen. Wird die Stellung des Antrags verzögert, so sind die Vorstandsmitglieder, denen ein Verschulden zur Last fällt, den Gläubigern für den daraus entstehenden Schaden verantwortlich; sie haften als Gesamtschuldner.

Auszug aus der Abgabenordnung (AO)

§ 51 Allgemeines

(1) Gewährt das Gesetz eine Steuervergünstigung, weil eine Körperschaft ausschließlich und unmittelbar gemeinnützige, mildtätige oder kirchliche Zwecke (steuerbegünstigte Zwecke) verfolgt, so gelten die folgenden Vorschriften. Unter Körperschaften sind die Körperschaften, Personenvereinigungen und Vermögensmassen im Sinne des Körperschaftsteuergesetzes zu verstehen. Funktionale Untergliederungen (Abteilungen) von Körperschaften gelten nicht als selbstständige Steuersubjekte.

(2) Werden die steuerbegünstigten Zwecke im Ausland verwirklicht, setzt die Steuervergünstigung voraus, dass natürliche Personen, die ihren Wohnsitz oder ihren gewöhnlichen Aufenthalt im Geltungsbereich dieses Gesetzes haben, gefördert werden oder die Tätigkeit der Körperschaft neben der Verwirklichung der steuerbegünstigten Zwecke auch zum Ansehen der Bundesrepublik Deutschland im Ausland beitragen kann.

(3) Eine Steuervergünstigung setzt zudem voraus, dass die Körperschaft nach ihrer Satzung und bei ihrer tatsächlichen Geschäftsführung keine Bestrebungen im Sinne des § 4 des Bundesverfassungsschutzgesetzes fördert und dem Gedanken der Völkerverständigung nicht zuwiderhandelt. Bei Körperschaften, die im Verfassungsschutzbericht des Bundes oder eines Landes

als extremistische Organisation aufgeführt sind, ist davon auszugehen, dass die Voraussetzungen des Satzes 1 nicht erfüllt sind. Die Finanzbehörde teilt Tatsachen, die den Verdacht von Bestrebungen im Sinne des § 4 des Bundesverfassungsschutzgesetzes oder des Zuwiderhandelns gegen den Gedanken der Völkerverständigung begründen, der Verfassungsschutzbehörde mit.

§ 52 Gemeinnützige Zwecke

(1) Eine Körperschaft verfolgt gemeinnützige Zwecke, wenn ihre Tätigkeit darauf gerichtet ist, die Allgemeinheit auf materiellem, geistigem oder sittlichem Gebiet selbstlos zu fördern. Eine Förderung der Allgemeinheit ist nicht gegeben, wenn der Kreis der Personen, dem die Förderung zugutekommt, fest abgeschlossen ist, zum Beispiel Zugehörigkeit zu einer Familie oder zur Belegschaft eines Unternehmens, oder infolge seiner Abgrenzung, insbesondere nach räumlichen oder beruflichen Merkmalen, dauernd nur klein sein kann. Eine Förderung der Allgemeinheit liegt nicht allein deswegen vor, weil eine Körperschaft ihre Mittel einer Körperschaft des öffentlichen Rechts zuführt.

(2) Unter den Voraussetzungen des Absatzes 1 sind als Förderung der Allgemeinheit anzuerkennen:

1. die Förderung von Wissenschaft und Forschung;
2. die Förderung der Religion;
3. die Förderung des öffentlichen Gesundheitswesens und der öffentlichen Gesundheitspflege, insbesondere die Verhütung und Bekämpfung von übertragbaren Krankheiten, auch durch Krankenhäuser im Sinne des § 67, und von Tierseuchen;
4. die Förderung der Jugend- und Altenhilfe;
5. die Förderung von Kunst und Kultur;
6. die Förderung des Denkmalschutzes und der Denkmalpflege;
7. die Förderung der Erziehung, Volks- und Berufsbildung einschließlich der Studentenhilfe;
8. die Förderung des Naturschutzes und der Landschaftspflege im Sinne des Bundesnaturschutzgesetzes und der Naturschutzgesetze der Länder, des Umweltschutzes, einschließlich des Klimaschutzes, des Küstenschutzes und des Hochwasserschutzes;

9. die Förderung des Wohlfahrtswesens, insbesondere der Zwecke der amtlich anerkannten Verbände der freien Wohlfahrtspflege (§ 23 der Umsatzsteuer-Durchführungsverordnung), ihrer Unterverbände und ihrer angeschlossenen Einrichtungen und Anstalten;
10. die Förderung der Hilfe für politisch, rassistisch oder religiös Verfolgte, für Flüchtlinge, Vertriebene, Aussiedler, Spätaussiedler, Kriegsopfer, Kriegshinterbliebene, Kriegsbeschädigte und Kriegsgefangene, Zivilbeschädigte und Behinderte sowie Hilfe für Opfer von Straftaten; Förderung des Andenkens an Verfolgte, Kriegs- und Katastrophenopfer; Förderung des Suchdienstes für Vermisste, Förderung der Hilfe für Menschen, die auf Grund ihrer geschlechtlichen Identität oder ihrer geschlechtlichen Orientierung diskriminiert werden;
11. die Förderung der Rettung aus Lebensgefahr;
12. die Förderung des Feuer-, Arbeits-, Katastrophen- und Zivilschutzes sowie der Unfallverhütung;
13. die Förderung internationaler Gesinnung, der Toleranz auf allen Gebieten der Kultur und des Völkerverständigungsgedankens;
14. die Förderung des Tierschutzes;
15. die Förderung der Entwicklungszusammenarbeit;
16. die Förderung von Verbraucherberatung und Verbraucherschutz;
17. die Förderung der Fürsorge für Strafgefangene und ehemalige Strafgefangene;
18. die Förderung der Gleichberechtigung von Frauen und Männern;
19. die Förderung des Schutzes von Ehe und Familie;
20. die Förderung der Kriminalprävention;
21. die Förderung des Sports (Schach gilt als Sport);
22. die Förderung der Heimatpflege und Heimatkunde und der Ortsverschönerung;
23. die Förderung der Tierzucht, der Pflanzenzucht, der Kleingärtnerei, des traditionellen Brauchtums einschließlich des Karnevals, der Fastnacht und des Faschings, der Soldaten- und Reservistenbetreuung, des Amateurfunkens, des Freifunks, des Modellflugs und des Hundesports;
24. die allgemeine Förderung des demokratischen Staatswesens im Geltungsbereich dieses Gesetzes; hierzu gehören nicht Bestrebungen, die

nur bestimmte Einzelinteressen staatsbürgerlicher Art verfolgen oder die auf den kommunalpolitischen Bereich beschränkt sind;

25. die Förderung des bürgerschaftlichen Engagements zugunsten gemeinnütziger, mildtätiger und kirchlicher Zwecke.
26. die Förderung der Unterhaltung und Pflege von Friedhöfen und die Förderung der Unterhaltung von Gedenkstätten für nichtbestattungspflichtige Kinder und Föten.

Sofern der von der Körperschaft verfolgte Zweck nicht unter Satz 1 fällt, aber die Allgemeinheit auf materiellem, geistigem oder sittlichem Gebiet entsprechend selbstlos gefördert wird, kann dieser Zweck für gemeinnützig erklärt werden. Die obersten Finanzbehörden der Länder haben jeweils eine Finanzbehörde im Sinne des Finanzverwaltungsgesetzes zu bestimmen, die für Entscheidungen nach Satz 2 zuständig ist.

§ 53 Mildtätige Zwecke

Eine Körperschaft verfolgt mildtätige Zwecke, wenn ihre Tätigkeit darauf gerichtet ist, Personen selbstlos zu unterstützen,

1. die infolge ihres körperlichen, geistigen oder seelischen Zustands auf die Hilfe anderer angewiesen sind oder
2. deren Bezüge nicht höher sind als das Vierfache des Regelsatzes der Sozialhilfe im Sinne des § 28 des Zwölften Buches Sozialgesetzbuch beim Alleinstehenden oder Haushaltsvorstand tritt an die Stelle des Vierfachen das Fünffache des Regelsatzes. Dies gilt nicht für Personen, deren Vermögen zur nachhaltigen Verbesserung ihres Unterhalts ausreicht und denen zugemutet werden kann, es dafür zu verwenden. Bei Personen, deren wirtschaftliche Lage aus besonderen Gründen zu einer Notlage geworden ist, dürfen die Bezüge oder das Vermögen die genannten Grenzen übersteigen. Bezüge im Sinne dieser Vorschrift sind
   a) Einkünfte im Sinne des § 2 Abs. 1 des Einkommensteuergesetzes und
   b) andere zur Bestreitung des Unterhalts bestimmte oder geeignete Bezüge,

die der Alleinstehende oder der Haushaltsvorstand und die sonstigen Haushaltsangehörigen haben. Zu berücksichtigen sind auch gezahlte und empfangene Unterhaltsleistungen. Die wirtschaftliche Hilfebedürftigkeit im vorstehenden Sinne ist bei Empfängern von Leistungen nach dem Zweiten oder Zwölften Buch Sozialgesetzbuch, des Wohngeldgesetzes, bei Empfängern von Leistungen nach § 27a des Bundesversorgungsgesetzes oder nach § 6a des Bundeskindergeldgesetzes als nachgewiesen anzusehen. Die Körperschaft kann den Nachweis mit Hilfe des jeweiligen Leistungsbescheids, der für den Unterstützungszeitraum maßgeblich ist, oder mit Hilfe der Bestätigung des Sozialleistungsträgers führen. Auf Antrag der Körperschaft kann auf einen Nachweis der wirtschaftlichen Hilfebedürftigkeit verzichtet werden, wenn auf Grund der besonderen Art der gewährten Unterstützungsleistung sichergestellt ist, dass nur wirtschaftlich hilfebedürftige Personen im vorstehenden Sinne unterstützt werden; für den Bescheid über den Nachweisverzicht gilt § 60a Absatz 3 bis 5 entsprechend.

§ 54 Kirchliche Zwecke

(1) Eine Körperschaft verfolgt kirchliche Zwecke, wenn ihre Tätigkeit darauf gerichtet ist, eine Religionsgemeinschaft, die Körperschaft des öffentlichen Rechts ist, selbstlos zu fördern.

(2) Zu diesen Zwecken gehören insbesondere die Errichtung, Ausschmückung und Unterhaltung von Gotteshäusern und kirchlichen Gemeindehäusern, die Abhaltung von Gottesdiensten, die Ausbildung von Geistlichen, die Erteilung von Religionsunterricht, die Beerdigung und die Pflege des Andenkens der Toten, ferner die Verwaltung des Kirchenvermögens, die Besoldung der Geistlichen, Kirchenbeamten und Kirchendiener, die Alters- und Behindertenversorgung für diese Personen und die Versorgung ihrer Witwen und Waisen.

§ 55 Selbstlosigkeit

(1) Eine Förderung oder Unterstützung geschieht selbstlos, wenn dadurch nicht in erster Linie eigenwirtschaftliche Zwecke – zum Beispiel gewerbliche Zwecke oder sonstige Erwerbszwecke – verfolgt werden und wenn die folgenden Voraussetzungen gegeben sind:

1. Mittel der Körperschaft dürfen nur für die satzungsmäßigen Zwecke verwendet werden. Die Mitglieder oder Gesellschafter (Mitglieder im Sinne

dieser Vorschriften) dürfen keine Gewinnanteile und in ihrer Eigenschaft als Mitglieder auch keine sonstigen Zuwendungen aus Mitteln der Körperschaft erhalten. Die Körperschaft darf ihre Mittel weder für die unmittelbare noch für die mittelbare Unterstützung oder Förderung politischer Parteien verwenden.

2. Die Mitglieder dürfen bei ihrem Ausscheiden oder bei Auflösung oder Aufhebung der Körperschaft nicht mehr als ihre eingezahlten Kapitalanteile und den gemeinen Wert ihrer geleisteten Sacheinlagen zurückerhalten.
3. Die Körperschaft darf keine Person durch Ausgaben, die dem Zweck der Körperschaft fremd sind, oder durch unverhältnismäßig hohe Vergütungen begünstigen.
4. Bei Auflösung oder Aufhebung der Körperschaft oder bei Wegfall ihres bisherigen Zwecks darf das Vermögen der Körperschaft, soweit es die eingezahlten Kapitalanteile der Mitglieder und den gemeinen Wert der von den Mitgliedern geleisteten Sacheinlagen übersteigt, nur für steuerbegünstigte Zwecke verwendet werden (Grundsatz der Vermögensbindung). Diese Voraussetzung ist auch erfüllt, wenn das Vermögen einer anderen steuerbegünstigten Körperschaft oder einer Körperschaft des öffentlichen Rechts für steuerbegünstigte Zwecke übertragen werden soll.
5. Die Körperschaft muss ihre Mittel vorbehaltlich des § 62 grundsätzlich zeitnah für ihre steuerbegünstigten satzungsmäßigen Zwecke verwenden. Verwendung in diesem Sinne ist auch die Verwendung der Mittel für die Anschaffung oder Herstellung von Vermögensgegenständen, die satzungsmäßigen Zwecken dienen. Eine zeitnahe Mittelverwendung ist gegeben, wenn die Mittel spätestens in den auf den Zufluss folgenden zwei Kalender- oder Wirtschaftsjahren für die steuerbegünstigten satzungsmäßigen Zwecke verwendet werden. Satz 1 gilt nicht für Körperschaften mit jährlichen Einnahmen von nicht mehr als 45.000 Euro.

(2) Bei der Ermittlung des gemeinen Werts (Absatz 1 Nr. 2 und 4) kommt es auf die Verhältnisse zu dem Zeitpunkt an, in dem die Sacheinlagen geleistet worden sind.

(3) Die Vorschriften, die die Mitglieder der Körperschaft betreffen (Absatz 1 Nr. 1, 2 und 4), gelten bei Stiftungen für die Stifter und ihre Erben, bei Betrieben gewerblicher Art von Körperschaften des öffentlichen Rechts für

die Körperschaft sinngemäß, jedoch mit der Maßgabe, dass bei Wirtschaftsgütern, die nach § 6 Abs. 1 Nr. 4 Satz 5 und 6 des Einkommensteuergesetzes aus einem Betriebsvermögen zum Buchwert entnommen worden sind, an die Stelle des gemeinen Werts der Buchwert der Entnahme tritt.

§ 56 Ausschließlichkeit

Ausschließlichkeit liegt vor, wenn eine Körperschaft nur ihre steuerbegünstigten satzungsmäßigen Zwecke verfolgt.

§ 57 Unmittelbarkeit

(1) Eine Körperschaft verfolgt unmittelbar ihre steuerbegünstigten satzungsmäßigen Zwecke, wenn sie selbst diese Zwecke verwirklicht. Das kann auch durch Hilfspersonen geschehen, wenn nach den Umständen des Falls, insbesondere nach den rechtlichen und tatsächlichen Beziehungen, die zwischen der Körperschaft und der Hilfsperson bestehen, das Wirken der Hilfsperson wie eigenes Wirken der Körperschaft anzusehen ist.

(2) Eine Körperschaft, in der steuerbegünstigte Körperschaften zusammengefasst sind, wird einer Körperschaft, die unmittelbar steuerbegünstigte Zwecke verfolgt, gleichgestellt.

(3) Eine Körperschaft verfolgt ihre steuerbegünstigten Zwecke auch dann unmittelbar im Sinne des Absatzes 1 Satz 1, wenn sie satzungsgemäß durch planmäßiges Zusammenwirken mit mindestens einer weiteren Körperschaft, die im Übrigen die Voraussetzungen der §§ 51 bis 68 erfüllt, einen steuerbegünstigten Zweck verwirklicht. 2Die §§ 14 sowie 65 bis 68 sind mit der Maßgabe anzuwenden, dass für das Vorliegen der Eigenschaft als Zweckbetrieb bei der jeweiligen Körperschaft die Tätigkeiten der nach Satz 1 zusammenwirkenden Körperschaften zusammenzufassen sind.

(4) Eine Körperschaft verfolgt ihre steuerbegünstigten Zwecke auch dann unmittelbar im Sinne des Absatzes 1 Satz 1, wenn sie ausschließlich Anteile an steuerbegünstigten Kapitalgesellschaften hält und verwaltet.

§ 58 Steuerlich unschädliche Betätigungen

Die Steuervergünstigung wird nicht dadurch ausgeschlossen, dass

1. eine Körperschaft einer anderen Körperschaft oder einer juristischen Person des öffentlichen Rechts Mittel für die Verwirklichung steuerbegüns-

tigter Zwecke zuwendet. Mittel sind sämtliche Vermögenswerte der Körperschaft. Die Zuwendung von Mitteln an eine beschränkt oder unbeschränkt steuerpflichtige Körperschaft des privaten Rechts setzt voraus, dass diese selbst steuerbegünstigt ist. Beabsichtigt die Körperschaft, als einzige Art der Zweckverwirklichung Mittel anderen Körperschaften oder juristischen Personen des öffentlichen Rechts zuzuwenden, ist die Mittelweitergabe als Art der Zweckverwirklichung in der Satzung zu benennen,

2. weggefallen
3. eine Körperschaft ihre Überschüsse der Einnahmen über die Ausgaben aus der Vermögensverwaltung, ihre Gewinne aus den wirtschaftlichen Geschäftsbetrieben ganz oder teilweise und darüber hinaus 15 Prozent ihrer sonstigen nach § 55 Absatz 1 Nummer 5 zeitnah zu verwendenden Mittel einer anderen steuerbegünstigten Körperschaft oder einer juristischen Person des öffentlichen Rechts zur Vermögensausstattung zuwendet. Die aus den Vermögenserträgen zu verwirklichenden steuerbegünstigten Zwecke müssen der zuwendenden Körperschaft entsprechen. Die nach dieser Nummer zugewandten Mittel und deren Erträge dürfen nicht für weitere Mittelweitergaben im Sinne des ersten Satzes verwendet werden.
4. eine Körperschaft ihre Arbeitskräfte anderen Personen, Unternehmen, Einrichtungen oder einer Körperschaft des öffentlichen Rechts für steuerbegünstigte Zwecke zur Verfügung stellt,
5. eine Körperschaft ihr gehörende Räume einer anderen, ebenfalls steuerbegünstigten Körperschaft oder einer Körperschaft des öffentlichen Rechts zur Nutzung zu steuerbegünstigten Zwecken überlässt,
6. eine Stiftung einen Teil, jedoch höchstens ein Drittel ihres Einkommens dazu verwendet, um in angemessener Weise den Stifter und seine nächsten Angehörigen zu unterhalten, ihre Gräber zu pflegen und ihr Andenken zu ehren,
7. eine Körperschaft gesellige Zusammenkünfte veranstaltet, die im Vergleich zu ihrer steuerbegünstigten Tätigkeit von untergeordneter Bedeutung sind,
8. ein Sportverein neben dem unbezahlten auch den bezahlten Sport fördert,

9. eine von einer Gebietskörperschaft errichtete Stiftung zur Erfüllung ihrer steuerbegünstigten Zwecke Zuschüsse an Wirtschaftsunternehmen vergibt,
10. eine Körperschaft Mittel zum Erwerb von Gesellschaftsrechten zur Erhaltung der prozentualen Beteiligung an Kapitalgesellschaften im Jahr des Zuflusses verwendet. Dieser Erwerb mindert die Höhe der Rücklage nach § 62 Absatz 1 Nummer 3.

§ 58a Vertrauensschutz bei Mittelweitergaben

(1) Wendet eine steuerbegünstigte Körperschaft Mittel einer anderen Körperschaft zu, darf sie unter den Voraussetzungen des Absatzes 2 darauf vertrauen, dass die empfangende Körperschaft

1. nach § 5 Absatz 1 Nummer 9 des Körperschaftsteuergesetzes im Zeitpunkt der Zuwendung steuerbegünstigt ist und
2. die Zuwendung für steuerbegünstigte Zwecke verwendet.

(2) Das Vertrauen der zuwendenden Körperschaft nach Absatz 1 ist nur schutzwürdig, wenn sich die zuwendende Körperschaft zum Zeitpunkt der Zuwendung die Steuerbegünstigung der empfangenden Körperschaft nach § 5 Absatz 1 Nummer 9 des Körperschaftsteuergesetzes hat nachweisen lassen durch eine Ausfertigung

1. der Anlage zum Körperschaftsteuerbescheid, deren Datum nicht länger als fünf Jahre zurückliegt oder
2. des Freistellungsbescheids, dessen Datum nicht länger als fünf Jahre zurückliegt oder
3. des Bescheids über die Feststellung der Einhaltung der satzungsmäßigen Voraussetzungen nach § 60a Absatz 1, dessen Datum nicht länger als drei Jahre zurückliegt, wenn der empfangenden Körperschaft bisher kein Freistellungsbescheid oder keine Anlage zum Körperschaftsteuerbescheid erteilt wurde.

(3) Absatz 1 ist nicht anzuwenden, wenn

1. der zuwendenden Körperschaft die Unrichtigkeit eines Verwaltungsakts nach Absatz 2 bekannt ist oder infolge grober Fahrlässigkeit nicht bekannt war oder

2. die zuwendende Körperschaft eine Verwendung für nicht steuerbegünstigte Zwecke durch die empfangende Körperschaft veranlasst hat.

§ 59 Voraussetzung der Steuervergünstigung

Die Steuervergünstigung wird gewährt, wenn sich aus der Satzung, dem Stiftungsgeschäft oder der sonstigen Verfassung (Satzung im Sinne dieser Vorschriften) ergibt, welchen Zweck die Körperschaft verfolgt, dass dieser Zweck den Anforderungen der §§ 52 bis 55 entspricht und dass er ausschließlich und unmittelbar verfolgt wird; die tatsächliche Geschäftsführung muss diesen Satzungsbestimmungen entsprechen.

§ 60 Anforderungen an die Satzung

(1) Die Satzungszwecke und die Art ihrer Verwirklichung müssen so genau bestimmt sein, dass auf Grund der Satzung geprüft werden kann, ob die satzungsmäßigen Voraussetzungen für Steuervergünstigungen gegeben sind. Die Satzung muss die in der Anlage 1 bezeichneten Festlegungen enthalten.

(2) Die Satzung muss den vorgeschriebenen Erfordernissen bei der Körperschaftsteuer und bei der Gewerbesteuer während des ganzen Veranlagungs- oder Bemessungszeitraums, bei den anderen Steuern im Zeitpunkt der Entstehung der Steuer entsprechen.

§ 60a Feststellung der satzungsmäßigen Voraussetzungen

(1) Die Einhaltung der satzungsmäßigen Voraussetzungen nach den §§ 51, 59, 60 und 61 wird gesondert festgestellt. Die Feststellung der Satzungsmäßigkeit ist für die Besteuerung der Körperschaft und der Steuerpflichtigen, die Zuwendungen in Form von Spenden und Mitgliedsbeiträgen an die Körperschaft erbringen, bindend.

(2) Die Feststellung der Satzungsmäßigkeit erfolgt

1. auf Antrag der Körperschaft oder
2. von Amts wegen bei der Veranlagung zur Körperschaftsteuer, wenn bisher noch keine Feststellung erfolgt ist.

(3) Die Bindungswirkung der Feststellung entfällt ab dem Zeitpunkt, in dem die Rechtsvorschriften, auf denen die Feststellung beruht, aufgehoben oder geändert werden.

(4) Tritt bei den für die Feststellung erheblichen Verhältnissen eine Änderung ein, ist die Feststellung mit Wirkung vom Zeitpunkt der Änderung der Verhältnisse aufzuheben.

(5) Materielle Fehler im Feststellungsbescheid über die Satzungsmäßigkeit können mit Wirkung ab dem Kalenderjahr beseitigt werden, das auf die Bekanntgabe der Aufhebung der Feststellung folgt. § 176 gilt entsprechend, außer es sind Kalenderjahre zu ändern, die nach der Verkündung der maßgeblichen Entscheidung eines obersten Gerichtshofes des Bundes beginnen.

(6) Liegen bis zum Zeitpunkt des Erlasses des erstmaligen Körperschaftsteuerbescheids oder Freistellungsbescheids bereits Erkenntnisse vor, dass die tatsächliche Geschäftsführung gegen die satzungsmäßigen Voraussetzungen verstößt, ist die Feststellung der Einhaltung der satzungsmäßigen Voraussetzungen nach Absatz 1 Satz 1 abzulehnen. Satz 1 gilt entsprechend für die Aufhebung bestehender Feststellungen nach § 60a.

§ 61 Satzungsmäßige Vermögensbindung

(1) Eine steuerlich ausreichende Vermögensbindung (§ 55 Abs. 1 Nr. 4) liegt vor, wenn der Zweck, für den das Vermögen bei Auflösung oder Aufhebung der Körperschaft oder bei Wegfall ihres bisherigen Zweckes verwendet werden soll, in der Satzung so genau bestimmt ist, dass auf Grund der Satzung geprüft werden kann, ob der Verwendungszweck steuerbegünstigt ist.

(2) (weggefallen)

(3) Wird die Bestimmung über die Vermögensbindung nachträglich so geändert, dass sie den Anforderungen des § 55 Abs. 1 Nr. 4 nicht mehr entspricht, so gilt sie von Anfang an als steuerlich nicht ausreichend. § 175 Abs. 1 Satz 1 Nr. 2 ist mit der Maßgabe anzuwenden, dass Steuerbescheide erlassen, aufgehoben oder geändert werden können, soweit sie Steuern betreffen, die innerhalb der letzten zehn Kalenderjahre vor der Änderung der Bestimmung über die Vermögensbindung entstanden sind.

§ 62 Rücklagen und Vermögensbildung

(1) Körperschaften können ihre Mittel ganz oder teilweise

1. einer Rücklage zuführen, soweit dies erforderlich ist, um ihre steuerbegünstigten, satzungsmäßigen Zwecke nachhaltig zu erfüllen;

2. einer Rücklage für die beabsichtigte Wiederbeschaffung von Wirtschaftsgütern zuführen, die zur Verwirklichung der steuerbegünstigten, satzungsmäßigen Zwecke erforderlich sind (Rücklage für Wiederbeschaffung). Die Höhe der Zuführung bemisst sich nach der Höhe der regulären Absetzungen für Abnutzung eines zu ersetzenden Wirtschaftsguts. Die Voraussetzungen für eine höhere Zuführung sind nachzuweisen;
3. der freien Rücklage zuführen, jedoch höchstens ein Drittel des Überschusses aus der Vermögensverwaltung und darüber hinaus höchstens 10 Prozent der sonstigen nach § 55 Absatz 1 Nummer 5 zeitnah zu verwendenden Mittel. Ist der Höchstbetrag für die Bildung der freien Rücklage in einem Jahr nicht ausgeschöpft, kann diese unterbliebene Zuführung in den folgenden zwei Jahren nachgeholt werden;
4. einer Rücklage zum Erwerb von Gesellschaftsrechten zur Erhaltung der prozentualen Beteiligung an Kapitalgesellschaften zuführen, wobei die Höhe dieser Rücklage die Höhe der Rücklage nach Nummer 3 mindert.

(2) Die Bildung von Rücklagen nach Absatz 1 hat innerhalb der Frist des § 55 Absatz 1 Nummer 5 Satz 3 zu erfolgen. Rücklagen nach Absatz 1 Nummer 1, 2 und 4 sind unverzüglich aufzulösen, sobald der Grund für die Rücklagenbildung entfallen ist. Die freigewordenen Mittel sind innerhalb der Frist nach § 55 Absatz 1 Nummer 5 Satz 3 zu verwenden.

(3) Die folgenden Mittelzuführungen unterliegen nicht der zeitnahen Mittelverwendung nach § 55 Absatz 1 Nummer 5:

1. Zuwendungen von Todes wegen, wenn der Erblasser keine Verwendung für den laufenden Aufwand der Körperschaft vorgeschrieben hat;
2. Zuwendungen, bei denen der Zuwendende ausdrücklich erklärt, dass diese zur Ausstattung der Körperschaft mit Vermögen oder zur Erhöhung des Vermögens bestimmt sind;
3. Zuwendungen auf Grund eines Spendenaufrufs der Körperschaft, wenn aus dem Spendenaufruf ersichtlich ist, dass Beträge zur Aufstockung des Vermögens erbeten werden;
4. Sachzuwendungen, die ihrer Natur nach zum Vermögen gehören.

(4) Eine Stiftung kann im Jahr ihrer Errichtung und in den drei folgenden Kalenderjahren Überschüsse aus der Vermögensverwaltung und die Gewinne

aus wirtschaftlichen Geschäftsbetrieben nach § 14 ganz oder teilweise ihrem Vermögen zuführen.

§ 63 Anforderungen an die tatsächliche Geschäftsführung

(1) Die tatsächliche Geschäftsführung der Körperschaft muss auf die ausschließliche und unmittelbare Erfüllung der steuerbegünstigten Zwecke gerichtet sein und den Bestimmungen entsprechen, die die Satzung über die Voraussetzungen für Steuervergünstigungen enthält.

(2) Für die tatsächliche Geschäftsführung gilt sinngemäß § 60 Abs. 2, für eine Verletzung der Vorschrift über die Vermögensbindung § 61 Abs. 3.

(3) Die Körperschaft hat den Nachweis, dass ihre tatsächliche Geschäftsführung den Erfordernissen des Absatzes 1 entspricht, durch ordnungsmäßige Aufzeichnungen über ihre Einnahmen und Ausgaben zu führen.

(4) Hat die Körperschaft ohne Vorliegen der Voraussetzungen Mittel angesammelt, kann das Finanzamt ihr eine angemessene Frist für die Verwendung der Mittel setzen. Die tatsächliche Geschäftsführung gilt als ordnungsgemäß im Sinne des Absatzes 1, wenn die Körperschaft die Mittel innerhalb der Frist für steuerbegünstigte Zwecke verwendet.

(5) Körperschaften im Sinne des § 10b Absatz 1 Satz 2 Nummer 2 des Einkommensteuergesetzes dürfen Zuwendungsbestätigungen im Sinne des § 50 Absatz 1 der Einkommensteuer-Durchführungsverordnung nur ausstellen,

1. wenn das Datum der Anlage zum Körperschaftsteuerbescheid oder des Freistellungsbescheids nicht länger als fünf Jahre zurückliegt oder
2. wenn die Feststellung der Satzungsmäßigkeit nach § 60a Absatz 1 nicht länger als drei Kalenderjahre zurückliegt und bisher kein Freistellungsbescheid oder keine Anlage zum Körperschaftsteuerbescheid erteilt wurden.

Die Frist ist taggenau zu berechnen.

§ 64 Steuerpflichtige wirtschaftliche Geschäftsbetriebe

(1) Schließt das Gesetz die Steuervergünstigung insoweit aus, als ein wirtschaftlicher Geschäftsbetrieb (§ 14) unterhalten wird, so verliert die Körperschaft die Steuervergünstigung für die dem Geschäftsbetrieb zuzuordnenden Besteuerungsgrundlagen (Einkünfte, Umsätze, Vermögen), soweit der wirtschaftliche Geschäftsbetrieb kein Zweckbetrieb (§§ 65 bis 68) ist.

(2) Unterhält die Körperschaft mehrere wirtschaftliche Geschäftsbetriebe, die keine Zweckbetriebe (§§ 65 bis 68) sind, werden diese als ein wirtschaftlicher Geschäftsbetrieb behandelt.

(3) Übersteigen die Einnahmen einschließlich Umsatzsteuer aus wirtschaftlichen Geschäftsbetrieben, die keine Zweckbetriebe sind, insgesamt nicht 45 000 Euro im Jahr, so unterliegen die diesen Geschäftsbetrieben zuzuordnenden Besteuerungsgrundlagen nicht der Körperschaftsteuer und der Gewerbesteuer.

(4) Die Aufteilung einer Körperschaft in mehrere selbständige Körperschaften zum Zweck der mehrfachen Inanspruchnahme der Steuervergünstigung nach Absatz 3 gilt als Missbrauch von rechtlichen Gestaltungsmöglichkeiten im Sinne des § 42.

(5) Überschüsse aus der Verwertung unentgeltlich erworbenen Altmaterials außerhalb einer ständig dafür vorgehaltenen Verkaufsstelle, die der Körperschaftsteuer und der Gewerbesteuer unterliegen, können in Höhe des branchenüblichen Reingewinns geschätzt werden.

(6) Bei den folgenden steuerpflichtigen wirtschaftlichen Geschäftsbetrieben kann der Besteuerung ein Gewinn von 15 Prozent der Einnahmen zugrunde gelegt werden:

1. Werbung für Unternehmen, die im Zusammenhang mit der steuerbegünstigten Tätigkeit einschließlich Zweckbetrieben stattfindet,
2. Totalisatorbetriebe,
3. Zweite Fraktionierungsstufe der Blutspendedienste.

§ 65 Zweckbetrieb

Ein Zweckbetrieb ist gegeben, wenn

1. der wirtschaftliche Geschäftsbetrieb in seiner Gesamtrichtung dazu dient, die steuerbegünstigten satzungsmäßigen Zwecke der Körperschaft zu verwirklichen,
2. die Zwecke nur durch einen solchen Geschäftsbetrieb erreicht werden können und
3. der wirtschaftliche Geschäftsbetrieb zu nicht begünstigten Betrieben derselben oder ähnlicher Art nicht in größerem Umfang in Wettbewerb tritt, als es bei Erfüllung der steuerbegünstigten Zwecke unvermeidbar ist.

§ 66 Wohlfahrtspflege

(1) Eine Einrichtung der Wohlfahrtspflege ist ein Zweckbetrieb, wenn sie in besonderem Maße den in § 53 genannten Personen dient.

(2) Wohlfahrtspflege ist die planmäßige, zum Wohle der Allgemeinheit und nicht des Erwerbs wegen ausgeübte Sorge für notleidende oder gefährdete Mitmenschen. Die Sorge kann sich auf das gesundheitliche, sittliche, erzieherische oder wirtschaftliche Wohl erstrecken und Vorbeugung oder Abhilfe bezwecken.

(3) Eine Einrichtung der Wohlfahrtspflege dient in besonderem Maße den in § 53 genannten Personen, wenn diesen mindestens zwei Drittel ihrer Leistungen zugutekommen. Für Krankenhäuser gilt § 67.

§ 67 Krankenhäuser

(1) Ein Krankenhaus, das in den Anwendungsbereich des Krankenhausentgeltgesetzes oder der Bundespflegesatzverordnung fällt, ist ein Zweckbetrieb, wenn mindestens 40 Prozent der jährlichen Belegungstage oder Berechnungstage auf Patienten entfallen, bei denen nur Entgelte für allgemeine Krankenhausleistungen (§ 7 des Krankenhausentgeltgesetzes, § 10 der Bundespflegesatzverordnung) berechnet werden.

(2) Ein Krankenhaus, das nicht in den Anwendungsbereich des Krankenhausentgeltgesetzes oder der Bundespflegesatzverordnung fällt, ist ein Zweckbetrieb, wenn mindestens 40 Prozent der jährlichen Belegungstage oder Berechnungstage auf Patienten entfallen, bei denen für die Krankenhausleistungen kein höheres Entgelt als nach Absatz 1 berechnet wird.

§ 67a Sportliche Veranstaltungen

(1) Sportliche Veranstaltungen eines Sportvereins sind ein Zweckbetrieb, wenn die Einnahmen einschließlich Umsatzsteuer insgesamt 45 000 Euro im Jahr nicht übersteigen.Der Verkauf von Speisen und Getränken sowie die Werbung gehören nicht zu den sportlichen Veranstaltungen.

(2) Der Sportverein kann dem Finanzamt bis zur Unanfechtbarkeit des Körperschaftsteuerbescheids erklären, dass er auf die Anwendung des Absatzes 1 Satz 1 verzichtet.Die Erklärung bindet den Sportverein für mindestens fünf Veranlagungszeiträume.

(3) Wird auf die Anwendung des Absatzes 1 Satz 1 verzichtet, sind sportliche Veranstaltungen eines Sportvereins ein Zweckbetrieb, wenn

1. kein Sportler des Vereins teilnimmt, der für seine sportliche Betätigung oder für die Benutzung seiner Person, seines Namens, seines Bildes oder seiner sportlichen Betätigung zu Werbezwecken von dem Verein oder einem Dritten über eine Aufwandsentschädigung hinaus Vergütungen oder andere Vorteile erhält und
2. kein anderer Sportler teilnimmt, der für die Teilnahme an der Veranstaltung von dem Verein oder einem Dritten im Zusammenwirken mit dem Verein über eine Aufwandsentschädigung hinaus Vergütungen oder andere Vorteile erhält.

Andere sportliche Veranstaltungen sind ein steuerpflichtiger wirtschaftlicher Geschäftsbetrieb. Dieser schließt die Steuervergünstigung nicht aus, wenn die Vergütungen oder andere Vorteile ausschließlich aus wirtschaftlichen Geschäftsbetrieben, die nicht Zweckbetriebe sind, oder von Dritten geleistet werden.

§ 68 Einzelne Zweckbetriebe

Zweckbetriebe sind auch:

1. a) Alten-, Altenwohn- und Pflegeheime, Erholungsheime, Mahlzeitendienste, wenn sie in besonderem Maße den in § 53 genannten Personen dienen (§ 66 Abs. 3),
   b) Kindergärten, Kinder-, Jugend- und Studentenheime, Schullandheime und Jugendherbergen,
   c) Einrichtungen zur Versorgung, Verpflegung und Betreuung von Flüchtlingen. Die Voraussetzungen des § 66 Absatz 2 sind zu berücksichtigen,
2. a) landwirtschaftliche Betriebe und Gärtnereien, die der Selbstversorgung von Körperschaften dienen und dadurch die sachgemäße Ernährung und ausreichende Versorgung von Anstaltsangehörigen sichern,
   b) andere Einrichtungen, die für die Selbstversorgung von Körperschaften erforderlich sind, wie Tischlereien, Schlossereien, wenn die Lieferungen und sonstigen Leistungen dieser Einrichtungen an Außenste-

hende dem Wert nach 20 Prozent der gesamten Lieferungen und sonstigen Leistungen des Betriebs – einschließlich der an die Körperschaften selbst bewirkten – nicht übersteigen,

3. a) Werkstätten für behinderte Menschen, die nach den Vorschriften des Dritten Buches Sozialgesetzbuch förderungsfähig sind und Personen Arbeitsplätze bieten, die wegen ihrer Behinderung nicht auf dem allgemeinen Arbeitsmarkt tätig sein können,
   b) Einrichtungen für Beschäftigungs- und Arbeitstherapie, in denen behinderte Menschen aufgrund ärztlicher Indikationen außerhalb eines Beschäftigungsverhältnisses zum Träger der Therapieeinrichtung mit dem Ziel behandelt werden, körperliche oder psychische Grundfunktionen zum Zwecke der Wiedereingliederung in das Alltagsleben wiederherzustellen oder die besonderen Fähigkeiten und Fertigkeiten auszubilden, zu fördern und zu trainieren, die für eine Teilnahme am Arbeitsleben erforderlich sind, und
   c) Integrationsprojekte im Sinne des § 132 Abs. 1 des Neunten Buches Sozialgesetzbuch, wenn mindestens 40 Prozent der Beschäftigten besonders betroffene schwerbehinderte Menschen im Sinne des § 132 Abs. 1 des Neunten Buches Sozialgesetzbuch sind,
4. a) Einrichtungen, die zur Durchführung der Fürsorge für blinde Menschen, zur Durchführung der Fürsorge für körperbehinderte Menschen und zur Durchführung der Fürsorge für psychische und seelische Erkrankungen beziehungsweise Behinderungen unterhalten werden,
5. Einrichtungen der Fürsorgeerziehung und der freiwilligen Erziehungshilfe,
6. von den zuständigen Behörden genehmigte Lotterien und Ausspielungen, wenn der Reinertrag unmittelbar und ausschließlich zur Förderung mildtätiger, kirchlicher oder gemeinnütziger Zwecke verwendet wird,
7. kulturelle Einrichtungen, wie Museen, Theater, und kulturelle Veranstaltungen, wie Konzerte, Kunstausstellungen; dazu gehört nicht der Verkauf von Speisen und Getränken,
8. Volkshochschulen und andere Einrichtungen, soweit sie selbst Vorträge, Kurse und andere Veranstaltungen wissenschaftlicher oder belehrender Art

durchführen; dies gilt auch, soweit die Einrichtungen den Teilnehmern dieser Veranstaltungen selbst Beherbergung und Beköstigung gewähren,

9. Wissenschafts- und Forschungseinrichtungen, deren Träger sich überwiegend aus Zuwendungen der öffentlichen Hand oder Dritter oder aus der Vermögensverwaltung finanziert. Der Wissenschaft und Forschung dient auch die Auftragsforschung. Nicht zum Zweckbetrieb gehören Tätigkeiten, die sich auf die Anwendung gesicherter wissenschaftlicher Erkenntnisse beschränken, die Übernahme von Projektträgerschaften sowie wirtschaftliche Tätigkeiten ohne Forschungsbezug.

Auszug aus Anlage 1 (zu § 60) der Abgabenordnung (AO) - Steuermustersatzung

(nur aus steuerlichen Gründen notwendige Bestimmungen)

Der … Verein mit Sitz in … verfolgt ausschließlich und unmittelbar – gemeinnützige – mildtätige – Zwecke (*nicht verfolgte Zwecke streichen*) **im Sinne des Abschnitts „Steuerbegünstigte Zwecke" der Abgabenordnung.**

Zweck des Vereins ist … (z.B. die Förderung von Jugend- und Altenhilfe, Erziehung, Volks- und Berufsbildung, Kunst und Kultur, Landschaftspflege, Umweltschutz, des öffentlichen Gesundheitswesens, des Sports, Unterstützung hilfsbedürftiger Personen).

Der Satzungszweck wird verwirklicht insbesondere durch … (z.B. Unterhaltung einer Erziehungsberatungsstelle, Pflege von Kunstsammlungen, Pflege des Liedgutes und des Chorgesanges, Errichtung von Naturschutzgebieten, Unterhaltung eines Kindergartens, Kinder-, Jugendheimes, Unterhaltung eines Altenheimes, eines Erholungsheimes, Bekämpfung des Drogenmissbrauchs, des Lärms, Förderung sportlicher Übungen und Leistungen).

Der Verein ist selbstlos tätig; er verfolgt nicht in erster Linie eigenwirtschaftliche Zwecke.

Mittel des Vereins dürfen nur für die satzungsmäßigen Zwecke verwendet werden. Die Mitglieder erhalten keine Zuwendungen aus Mitteln des Vereins.

Es darf keine Person durch Ausgaben, die dem Zweck des Vereins fremd sind oder durch unverhältnismäßig hohe Vergütungen begünstigt werden.

Bei Auflösung des Vereins oder bei Wegfall steuerbegünstigter Zwecke fällt das Vermögen des Vereins

Alternativ entweder:

an … (Bezeichnung einer juristischen Person des öffentlichen Rechts oder einer anderen steuerbegünstigten Körperschaft), die es unmittelbar und ausschließlich für gemeinnützige oder mildtätige Zwecke zu verwenden hat.

oder

an eine juristische Person des öffentlichen Rechts oder eine andere steuerbegünstigte Körperschaft zwecks Verwendung für … (Angabe eines bestimmten gemeinnützigen oder mildtätigen Zwecks, z.B. Förderung von Erziehung, Volks- und Berufsbildung, des Sports, der Unterstützung von Personen, die im Sinne von § 53 der Abgabenordnung wegen … bedürftig sind.

STICHWORTVERZEICHNIS

Abgabenordnung 184
Abgeltungsteuer 21
Absetzung für Abnutzung (AfA) 140
Allgemeinheit 25
Altmaterialsammlung 119
Arbeitnehmerinnen und Arbeitnehmer 71
Aufbewahrungsfristen 136
Auflösung 170
Aufnahmegebühren 25
Aufwandsentschädigung 68
Aufwandsspenden 89
Aufzeichnungspflichten 134
Ausgaben, Aufteilung 139
Ausschließlichkeit 26
Ausschluss aus dem Verein 163

Bereich, ideeller 106, 139
Berufsgenossenschaft 159
Beschäftigung, geringfügige 73
Besteuerungsgrenze 108
Betriebsausgaben, Aufteilung der 139
Buchführung 133
Bürgerliches Gesetzbuch (BGB) 179

Crowdfunding 103

Ehrenamtlichkeit 64
Ehrenamtspauschale 70
Ehrengericht 164
Eintragung 19
Entlastung 155

Förderverein 27
Fundraising 102

GEMA (Gesellschaft für musikalische Aufführungs- und mechanische Vervielfältigungsrechte) 92
Gemeinnützige Zwecke 22

Gemeinnützigkeit 21
– Anerkennung 22, 134
– Steuermustersatzung 23
Gewerbesteuer 118
Gewinnermittlung, Pauschale 119
Gründung eines Vereins 12
Gründungsversammlung 16

Haftung 149 ff.
– Haftungsausschluss 13
– persönliche 19
Haftungsbeschränkung 154
Homepage 98

Informationsveranstaltung 100
Insolvenz 175
Internet 30, 98

Kommunikation 36
Körperschaftsteuer 118
Kultur 110
Künstlersozialversicherung 100

Liquidation eines Vereins 171
Lohnkonto 76
Lohnsteuer 71, 75

Mehrwertsteuer 120
Mehrwertsteuersätze 123
Mildtätige Zwecke 25
Mini-Job-Arbeitsverhältnis 74
Mitarbeiter, freier 73
Mitglieder 29
– Rechte und Pflichten 33 f.
Mitgliederversammlung 34, 49 ff., 135
– Abstimmungen und Wahlen 54
– außerordentliche 57, 60
– Beschlussfassung 50
– Einberufung 51
– Protokoll 59
– Stimmrecht 55
– Tagesordnung 51

– Teilnahmerecht 53
– Versammlungsleitung 54
Mitgliedsbeiträge 80
– Begrenzung der Höhe 25
Mitgliedschaft 30
– Beendigung 37
Mittelverwendungsrechnung 143

Name des Vereins 15
Notvorstand 47

Protokoll einer Versammlung 59

Rechnungslegung 137
– Mitglieder 137
– steuerliche 139
Rechtsschutzversicherung 159
Ressortaufteilung 46, 157
Rücklagen 144

Sachspenden 86
Satzung 14 f.
Satzungszweck 14
Selbstlosigkeit 25
Selbstständigkeit 71
Sozialversicherung 71, 75 f.
Speisen
– Lieferung 124
– Restaurationsleistung 124
Spenden 84
– Mitgliedsbeiträge 88
Spendenhaftung 90
Sponsoren 92
Sponsoring 114
– passives oder Duldung 123
Sport
– bezahlte Sportler 111
– Überlassung von Sportanlagen 112
– Zweckbetrieb 110 f.
Steuererklärung 129
– elektronische 130

Steuermustersatzung 201
Steuerrecht 105

Tombola 113

Übungsleiter 68
Übungsleiterfreibetrag 68
Umlagen 82
Umsatzsteuer 120
– Kleinunternehmer 121
Umsatzsteuerbefreiung 122
Unfallversicherung 159
Unmittelbarkeit 27

Veranstaltung, sportliche 111
Vereinsregister 19, 44
Vereinsstrafe 163
Verluste 117
Vermögensschadenhaftpflichtversicherung 159
Vermögensverwaltung 106, 139
Versicherungsschutz 158
Vorstand 41 ff.
– Beschlussfähigkeit 48
– Kooption 46
– vertretungsberechtigt 45
– Vertretungsberechtigung 42
Vorstandssitzung 47
Vorstandsvergütung 65
Vorsteuerabzug 127
Vorsteuer-Aufteilung 127
Vorsteuerpauschalierung 128

Wahlen 56 f.
Werbung 99, 119
Wirtschaftlicher Geschäftsbetrieb 91, 106 ff., 113, 139
Wohlfahrtspflege 110

Zuschüsse 83
Zuwendungen, siehe Spenden 84
Zuwendungsbestätigung 136
– Sachspenden 86
Zweckbetrieb 107, 113
Zwecke, kirchliche 25